Fidèle à sa volonté de maintenir vivant l'ensemble du catalogue et de continuer à rendre accessible à tous la richesse de son contenu, Les marques du groupe L'Harmattan proposent les ouvrages, même s'ils sont épuisés dans leur premier tirage, et les impriment à la demande.
Au vu de l'ancienneté de ce titre, un exemplaire original a été numérisé pour être réimprimé, ce qui pourrait altérer légèrement la qualité de certains passages.

Oser

Douze propositions pour un Sénégal émergent

Entretiens avec Honoré de Sumo

Dernières parutions
chez L'Harmattan-Sénégal
(Catalogue en ligne sur harmattansenegal.com)

WADE El Hadji Madické, *El Hadji Momar Sourang. Un grand notable de Saint-Louis et fervent mouride*, Collection « Mémoires et Biographies », novembre 2012.

KÉBÉ Amadou, *Les réformes institutionnelles dans le secteur parapublic au Sénégal. Le cas du chemin de fer*, essai, novembre 2012.

BADIANE Louis Ange, *Mon chemin vers Dieu*, octobre 2012.

FALL Marouba, *Casseurs de solitude*, roman, « Nouvelles Lettres Sénégalaises », octobre 2012.

NDAW Aly Kheury, *Les Sénégalais de New-York*, essai, octobre 2012.

CAMARA Mame Famew, *Si loin, si près*, Poèmes, collection « Rimes et prose », septembre 2012.

DIARRA Malick, *Le poème de Saint-Louis du Sénégal, L'île de Ndar, fiancée de son âme (869 - 1364 - 1659)*, septembre 2012

TRAORÉ Alain Édouard, *BURKINA FASO. Les opportunités d'un nouveau contrat social. Facteurs et réalités de la crise*, collection « *Zoom Sur* », septembre 2012.

ROQUENTIN Antoine, *Mes premiers regrets, Grands aphorismes et poèmes*, septembre 2012.

NDOYE Soda, *Un homme infidèle et parfait*, roman, « Nouvelles Lettres Sénégalaises », septembre 2012.

Pierre Goudiaby ATÉPA

Oser

Douze propositions pour un Sénégal émergent

Entretiens avec Honoré de Sumo

L'Harmattan Sénégal

« Villa rose », rue de Diourbel, Point E, DAKAR

http://www.librairieharmattan.com
diffusion.harmattan@wanadoo.fr
senharmattan@gmail.com

ISBN : 978-2-296-01155-7
EAN : 9782296011557

Honoré de Sumo

Honoré de Sumo est journaliste indépendant. Il n'est pas surprenant que de ce fait il tienne une place à part dans le monde culturel et politique. Il a, en effet, rencontré les plus grands parmi les écrivains et les hommes politiques. L'Histoire retiendra sans doute qu'il eut l'honneur d'échanger avec Nelson Mandela et d'en tirer quelques leçons que nous partageons encore. Que ce soit avec Félix Houphouët Boigny, le sage Amadou Hampaté Ba, ou d'autres grandes figures africaines, ses entretiens font encore référence. Ce furent d'ailleurs souvent des succès d'édition comme les textes qui nous furent proposés à l'occasion de ses rencontres avec Winnie Mandela, Laurent Gbagbo, Hinda Déby Itno, Germaine Ahidjo ou le banquier Babacar Ndiaye. Car ce n'est pas le moindre mérite d'Honoré de Sumo que de traduire pour des milliers de lecteurs les leçons des grands hommes, simplement et librement, et auxquels s'ajoute aujourd'hui l'architecte Pierre Goudiaby Atépa, également président d'un grand groupe multinational et multisectoriel.

Dédicace

À la jeunesse sénégalaise,

À la jeunesse africaine,

À la jeunesse du monde,

OSEZ pour que jaillisse l'espoir.

Préface

POUR ALLER DE L'AVANT

La tâche est redoutable de présenter Pierre Goudiaby Atépa, et plus encore d'introduire son livre au titre évocateur, défiant et très engageant : OSER.

D'entrée de jeu, Pierre se manifeste sous la double casquette d'architecte et d'« entrepreneur du développement », doué et très talentueux. Mais cette présentation, à dessein réductrice, montre surtout le côté professionnel de l'homme, il s'agit du côté « rue » pour utiliser une expression courante. Je voudrais en parallèle lever un tout petit peu le voile sur le côté « cour » de l'homme : ce côté est tout simplement magnifique, beau à voir. Je dirai que l'attachement de Pierre à ses origines, son amour pour son épouse, Yvette, et ses filles, ainsi que son dévouement à la cause des faibles sont sans nul doute le soubassement de ses actions, la source de son inspiration, celle de ses initiatives et la clef de son épanouissement.

Pierre est un homme fidèle en amitié ; un homme sur qui l'on peut compter en tous lieux et en toutes circonstances. C'est un homme respectueux, d'un commerce agréable et égal à l'endroit de tous et de chacun, quel que soit le rang de la personne dans la société. Oui ! Je peux porter ce témoignage, comme je témoignerai aussi que Pierre Goudiaby est un grand patriote sénégalais, qui aime son pays « d'un amour qui fait couler des larmes » comme disait Maître Lamine Guèye parlant de son attachement à la terre de ses ancêtres.

Pierre est aussi un grand amoureux de son continent qu'il sillonne, en étant partout à l'aise comme dans le quartier de la Médina de Dakar ou dans les rues de Ziguinchor. Il est un combattant infatigable pour la dignité de l'Afrique qu'il représente fièrement et de manière honorable en Chine, en Russie, en France et ailleurs, en implantant dans ces pays une antenne du groupe qu'il dirige, le GROUPE ATEPA. *Il entend ainsi, par ces ramifications, contribuer au rayonnement de l'Afrique dans le monde et forger une autre image de notre continent : celle de l'Afrique du renouveau.*

Comme il sera donné aux lecteurs de le constater, Pierre ne dit pas les choses comme nous aurions aimé les entendre ou comme nous avons coutume de les entendre. Il choisit de ne pas nous conforter dans la vétusté de nos convictions. Avec courage et une bonne dose de témérité, il va à grands pas là où grand nombre de personnes hésiteraient à s'aventurer. C'est un explorateur de la pensée créatrice, de la pensée innovatrice qui nous amène avec lui à hisser haut le mât de l'audace. Il nous donne de l'ambition et nous conduit à OSER.

Oui, OSER ! C'est le mot magique, le mot clé, le gouvernail pour aller de l'avant, pour changer notre vécu.

Pierre ne cherche pas à nous dérouter, mais à re-router les convictions acquises en faisant usage des mots de tous les jours pour mieux faire comprendre qu'en réalité il ne faut rien entreprendre de compliqué.

Pierre Goudiaby rêve du Sénégal comme d'une « Terre Promise » où cependant ne coulent pas à ciel ouvert le lait et le miel à l'instar de la Terre Promise du Créateur. Cependant, ce lait et ce miel existent bel et bien, et même en abondance sous d'autres formes dans notre pays. Il nous faut aller les chercher en actionnant à plein régime la turbine de nos intelligences mutualisées, et en faisant fi d'un passé qui inhibe l'action, qui nous fait croire que rien ne pourra jamais changer et que nous serons à jamais à la charge des autres, des mendiants perpétuels qui dépendent de l'aide internationale.

Il nous faut donc prendre notre destin en main, nous le réapproprier au risque d'être pour toujours cantonnés dans les fourgons marchandises du train de l'Histoire alors que les autres humains seront confortablement installés dans les voitures climatisées pour effectuer le même voyage.

Il nous faut donc agir ici et maintenant pour changer le cours de notre devenir, pour justifier notre part de l'humanité et vivre pleinement la vie.

Nous devons OSER ! Ce mot clé, dans l'entendement de l'auteur, vise à alerter les consciences comme un tocsin aux premières heures d'une bataille décisive, celle qui fera entrer l'Afrique, une Afrique nouvelle, dans le « Mainstream », débarrassée de tous les oripeaux de la périphérie, en la connectant aux courants internationaux qui concourent à l'édification du Village Planétaire, notre héritage commun.

Goudiaby déteste parler de lutte contre la pauvreté. Il préfère la belle et élégante consonance de « lutte pour la richesse ». Il n'a pas tort, parce qu'il veut le meilleur, c'est-à-dire l'excellence, pour ses compatriotes sénégalais. Mais à coup sûr, l'onde de choc de ses douze propositions pour l'émergence du Sénégal vibrera à travers toute l'Afrique, sa véritable terre natale. Au final, c'est à ses « compatriotes africains » qu'il s'adresse. La recette n'est donc pas exclusivement sénégalaise comme on se régalerait d'un bon tiéboudiène (riz au poisson, en wolof) en rêvant d'une virée saint-louisienne. Elle confirme l'ampleur sinon la grandeur panafricaniste des réflexions d'un homme, grand voyageur devant l'Éternel, qui, partout en Afrique, a le sommeil aussi profond que dans sa Casamance natale.

Le choix de l'homme avec qui il a choisi de cheminer dans les dédales de ces entretiens est judicieux. Son métier, c'est de titiller, non point de fouiner mais de fouiller dans les fibres les plus intimes de son interlocuteur. Il est à l'aise dans ce rôle qu'il a joué avec des figures majeures de l'histoire africaine. L'échange est savoureux dans le langage, vigoureux dans le propos, décapant dans la pertinence. Le débat est ouvert.

Babacar Ndiaye
Président d'honneur et ancien Président
de la Banque Africaine de Développement (BAD)

Introduction

Au fur et à mesure que se rapprochait l'année de célébration du cinquantenaire des indépendances africaines, j'étais très préoccupé par le bilan des cinquante dernières années. Une chose était déjà certaine : il n'y aurait pas de grands trophées de chasse à exhiber. Il y aurait néanmoins ce jour-là les agapes traditionnelles et les grandes manifestations commémoratives, les défilés militaires, les discours radiotélévisés. Mais qu'allions-nous présenter lorsque les lampions se seraient éteints ?

À défaut de satisfecit, il nous resterait encore nos mémoires pour penser, pour réfléchir à l'avenir, pour voir les choses autrement, penser autrement, car on apprend plus des échecs que des réussites.

Ceux qui ont connu de grands échecs et ont eu l'audace de penser à la mesure de ces échecs sont devenus ou redevenus de grandes nations. Je pensai alors au Japon notamment, sorti défait de la Deuxième Guerre mondiale, mais aujourd'hui dans le peloton de tête des trois premières puissances économiques mondiales. Je pensai à l'Allemagne qui, en un seul siècle, a provoqué (et perdu) deux grandes guerres, chaque défaite s'accompagnant de la ruine de son économie, de la destruction de ses infrastructures et de sa soumission au diktat des vainqueurs. L'Allemagne est aujourd'hui la première économie européenne, sa principale locomotive.

Quel est donc le secret de ceux qui perdent mais savent se redresser subrepticement et rebâtir sur les ruines de la défaite ? J'ai pu identifier quatre caractéristiques fondamentales : premièrement, il y a qu'ils ne croient pas au mauvais sort ; deuxièmement, il y a qu'ils restent persuadés qu'ils demeurent les plus forts ; troisièmement, il y a qu'ils se serrent les coudes et avancent en rangs serrés, et quatrièmement, il y a qu'ils sont persuadés que demain leur appartient. Forts de cette disposition d'esprit, ils peuvent dès lors *oser*, et tout d'abord oser croire, et donc être capables d'oser entreprendre. C'est pourquoi je demande aux Sénégalais, à travers ce livre, d'oser.

Si l'Afrique est bien ancrée dans l'histoire – contrairement à certaines allégations – et en a même été la première, son parcours a néanmoins été chaotique. Des hauts et des bas, il y en a eu. C'est d'ailleurs là une des caractéristiques des grands peuples. Au lendemain de la Deuxième Guerre mondiale, elle avait pris conscience qu'il fallait qu'elle retrouve sa place.

Bandoeng* a symbolisé l'unité, la détermination et la prise de conscience des peuples qui aspiraient à sortir totalement de la nuit de l'asservissement. Mais cette volonté n'a pas beaucoup pesé sur l'échiquier international où les grandes puissances ont eu leur mot à dire, bien entendu au mieux de leurs intérêts.

Mais qu'à cela ne tienne ! Pour voir les choses du bon côté, je dirai que l'histoire est un long fleuve qui n'arrête jamais de couler. Personne ne dira donc qu'il est tard de bien faire, que nous ne pouvons plus reprendre le gouvernail de notre histoire et redresser la barre. Pour cela, il faudra que nous osions. Mes douze propositions entrent dans ce cadre.

Je veux un Sénégal émergent dans un peu plus d'une décennie. Je veux un Sénégal qui *ose*, avec une vision claire des chemins qui doivent nous mener vers le développement. Je veux un Sénégal qui donne l'exemple. Il en donne déjà dans plusieurs domaines. Il dispose de la capacité d'ouvrir la voie de l'émergence. D'autres nations africaines suivront, j'en suis sûr, puisqu'il y en a plusieurs qui projettent d'atteindre cet objectif dans vingt ou vingt-cinq ans. Il faut d'abord que

* En avril 1955, vingt-neuf pays africains et asiatiques se réunirent à Bandung (ou Bandoeng) en Indonésie pour affirmer leur démarcation des deux blocs qui émergèrent au lendemain de la Deuxième Guerre mondiale et constituer de la sorte un troisième bloc qui ait sa voix au chapitre des relations internationales.

nous y croyions, il faut ensuite que nous mettions en œuvre les moyens dont nous disposons – ils sont nombreux, ils sont essentiellement humains et c'est là ce dont les peuples ont le plus besoin –, et il faut enfin, qu'assagis, nous osions. Les douze propositions, qui ne sont toutefois pas exhaustives, faites dans ce livre nous y invitent et vous êtes interpellés à en trouver d'autres pour qu'ensemble nous inventions un nouvel avenir.

Pierre Goudiaby Atépa

Dakar, le 16 novembre 2012

Pourquoi avez-vous décidé de cet échange avec un journaliste ? Et pourquoi maintenant ?

J'ai toujours voulu apporter ma modeste contribution à l'idée du bonheur dans nos sociétés, comment promouvoir un environnement social où il fait bon vivre pour le plus grand nombre. Améliorer les conditions de vie des populations, c'est augmenter leur degré de satisfaction. Nous aspirons tous à ce qu'il est convenu d'appeler le bonheur. Bonheur de vivre dans un cadre convivial, un espace aéré où l'on se retrouve en famille autour d'un bon repas. Bonheur de jouir d'une excellente santé ou presque. Je ne vais pas philosopher sur la notion ou la nature du bonheur, mais nous sommes tous d'accord qu'il existe un minimum exigible pour se sentir relativement bien dans le monde où nous vivons. La clef semble être d'abord de trouver du travail pour s'épanouir et avoir les moyens d'organiser son épanouissement.

J'ai souhaité écrire un livre il y a bien longtemps, mais sur la Banque mondiale. Le titre provocateur que j'avais choisi était : « *Faut-il brûler la Banque mondiale ?* » Je voulais démontrer pourquoi il fallait réorganiser cette institution à laquelle se réfèrent tous les États africains. Cela fait plus d'un demi-siècle que nos États utilisent ses recettes et nous ne sommes toujours pas développés. J'ai conclu que la Banque mondiale fait partie de nos problèmes, pas des solutions que nous recherchons.

Pourquoi donc maintenant ? Il y a dans la vie un temps au cours duquel on accumule de l'expérience, parce qu'on travaille, on voyage, on échange avec des gens d'horizons divers, on monte des projets dont certains sont des réussites et d'autres des échecs. Puis, il y a un temps pour la réflexion qui ne signifie pas qu'on sorte de l'action. Il y a des interrogations sur tout ce qui se fait en termes de politique de développement, on se demande pourquoi tant de recettes n'ont pas marché, avec tant d'argent et tant d'experts à notre chevet. C'est alors le temps de la réflexion. C'est tout ce brassage d'idées que je voudrais partager en énonçant de grandes lignes de réflexions : l'école, les nouvelles technologies de l'information, la discipline sociale, la mise à contribution de la diaspora, le tourisme, la vocation exportatrice du Sénégal, etc. Mon expérience est certes modeste, mais c'est une contribution, aussi modeste soit-elle, à laquelle je tiens.

Ne restons pas là à penser que nous devons faire ce qui se faisait il y a cinquante ans. Si nous n'avons pas pu développer nos pays depuis lors, c'est peut-être parce que nous avions tout faux au départ.

Il faut par conséquent oser la remise en cause des idées préconçues, il faut oser faire bouger les lignes, il faut oser réfléchir autrement, oser le développement, oser les changements, oser se remettre en cause, oser affronter les difficultés, oser le dialogue, oser la réflexion, oser proposer, oser la vérité, oser dire non, oser dire oui, oser relever les défis, oser la paix, oser, oser…

Si on ne le fait pas, on n'aura pas de solutions à nos problèmes. C'est donc dans cet esprit d'audace que je livre ces réflexions. Réfléchir pour l'avenir d'un pays ne doit jamais s'arrêter. C'est dans ce même esprit que je souhaite lancer le club « Les intellectuels pour le développement et l'excellence du Sénégal », ou « Club des Idées ».

En vérité, j'avais souhaité écrire un livre avec un cercle d'amis un peu comme un livre de réflexion commune. Nous avons eu une dizaine de rencontres et avons échangé sur différents thèmes qui me préoccupent. Mais mes nombreux déplacements ne nous ont pas permis d'avancer avec efficacité. Je voudrais ici leur dire le bonheur que j'ai eu à échanger avec eux. Il s'agit de Pierre Sané (Ancien secrétaire général d'Amnesty International et ancien directeur général adjoint de l'UNESCO), de Cheikh Sy (Ancien haut fonctionnaire à l'UNESCO), de Mbaye Sidy Mbaye

(Journaliste), d'Abdoulaye Faty Mbow (Ingénieur informatique de Classe exceptionnelle), de Moustapha Ka (Ancien ministre), de Chérif Salif Sy (Économiste), de Mme Touré Sukéna (Directrice de Twins), d'Amadou Gaye (Professeur) et de Pape Sadio Thiam (Journaliste).

Je suis sûr que nous continuerons avec la mise en place du « Club des Idées » à réfléchir pour apporter ainsi notre contribution au développement de notre pays.

Votre réflexion sur le Sénégal de demain, voire le Sénégal émergent dans dix ou douze ans, a certainement un point de départ. Quel est-il ?

Je voudrais commencer par des généralités. Nous cherchons tous à nous assumer, à régler les problèmes qui se présentent quotidiennement à nous. Pour cela, il nous faut travailler. On ne peut pas être heureux sans travailler. Oui, il faut du travail, mais comment la société s'organise-t-elle de sorte que chacun ait du travail ? Les économistes nous fourniront des chiffres. Ils diront, par exemple, qu'en deçà d'un certain taux de croissance, un pays ne peut pas se développer. Il a été mis en place un indice, appelé l'Indice du développement humain, qui va dans plus de détails : l'accès à la santé de base, l'accès à l'eau potable, l'accès à l'éducation, et même l'accès aux loisirs, etc.

Pour le Sénégal, il faudrait que nous ayons un taux de croissance soutenue à deux chiffres pendant toute une décennie pour que nous puissions accéder au statut de pays émergent. C'est bien de l'affirmer, mais que faire pour atteindre cet objectif ?

Pour faire simple, je suis architecte. Dans mon métier, quand on vous demande un travail, en tout premier lieu, vous devez savoir s'il s'agira de construire un immeuble, une école, une université ou un hôpital.

Dans un projet architectural, j'analyse d'abord l'environnement et les fondamentaux. C'est l'environnement physique, culturel, social, ce sont les opportunités, etc. Analyser tout ça pour voir quel genre d'immeuble, d'hôpital, de centre commercial, etc., il faut construire.

Que diriez-vous donc dans le cas d'espèce du Sénégal ?

On voit d'abord qu'on est en Afrique de l'Ouest, qu'on est à la pointe la plus avancée du continent africain vers les Amériques. Quand il y a eu ce crime odieux de l'esclavage, le lieu idéal, pour exporter les esclaves, c'était le Sénégal. C'est à quelques encablures de l'Europe et de l'Amérique. Géographiquement, nous sommes bien situés pour être un carrefour commercial. Nous avons également un climat idéal, exceptionnel. Il y fait bon toute l'année. Nous avons plus de 600 kilomètres de plages. Il existe quelques ressources minières à l'est du pays, sur notre grande côte nous avons du « sable lourd » (zircon, etc.).

D'autre part, le Sénégal dispose d'une population très ouverte. C'est un peuple très accueillant. On dit que c'est le pays de la *Téranga* à cause de cette ouverture. Il y a de bons côtés à cela, il y a de mauvais côtés, mais prenons les bons côtés.

Le premier gisement du Sénégal est donc humain. Il est ensuite géographique et climatique. Quand on a ces fondamentaux, on réfléchit : qu'est-ce qu'on peut faire ? On peut déjà servir de hub. Hub industriel destiné à l'exportation des produits manufacturés vers les Amériques, par exemple. Les Américains nous ont dit il y a une dizaine d'années : « *Trade but not aid.* Faisons du commerce à la place de l'aide. » Il s'agissait non pas de nous donner du poisson, mais de nous aider à pêcher ; mieux encore, quand nous aurons pêché, ils nous achèteront notre poisson à un prix exceptionnel. Dans le cadre de ce programme dénommé AGOA (*African Growth Opportunity Act*) mis en place en 2002, les Américains ont décidé de faciliter l'accès de nos produits sur leur marché, qui, je dois le rappeler, est fortement réglementé. On ne peut pas rester indifférent à une telle offre : « Vous voulez inonder notre marché avec des produits venant de chez vous ? Allez-y ! » nous disent-ils. Donc, si j'installe une unité de fabrication de jeans au Sénégal, je peux les exporter aux États-Unis. Pas de taxes, pas de quotas, et ceci pour environ 6 000 produits différents. Vous vous rendez compte ? Je dois d'ailleurs dire, pour la petite histoire, que je faisais partie des trois opérateurs économiques africains qui avaient été choisis en 1992 par le Congrès américain pour expliquer aux membres de cette auguste Assemblée le bien-fondé de cette législation. Je me souviens que le *Congressman* Jefferson était très étonné d'apprendre que la ville de Dakar était quasiment plus proche de New York que la ville de Los Angeles !

Le Sénégal est à 6, 7 jours de bateau, moins de 8 heures d'avion des côtes américaines. Qu'en avons-nous fait ? À part vendre quelques statuettes, rien d'important. Lorsqu'on fait le point sur cette facilité exceptionnelle offerte par les États-Unis, on se rend compte, dix ans plus tard, que moins de 70 produits ont été exportés. Par contre, les exportations américaines vers le Sénégal augmentent régulièrement, pendant que nous gardons le même schéma des produits d'exportation vers l'Europe et notamment vers la France.

Le Sénégal n'est pas un pays industriel. Que vouliez-vous exporter d'autre ?

Je pense que nous devons susciter, encourager et promouvoir des délocalisations de la part des pays tels que la Chine, l'Inde ou encore les pays arabes pour cibler le marché américain. C'est la raison pour laquelle j'ai ouvert un bureau à Beijing. L'idée étant d'identifier les industries chinoises qui peuvent venir s'instáller au Sénégal. Elles produiront ici pour le marché américain. Que gagnerons-nous à ce type de montages ? Les emplois, la formation, les infrastructures, etc. Je parle toujours des Amériques parce que ce que nous pouvons faire avec les États-Unis, nous pourrons le faire demain avec le Brésil, entre autres.

Nous entretenons de très bonnes relations avec les Chinois. Pour la petite histoire, il y a une dizaine d'années, c'est nous qui avons amené le Président Abdoulaye Wade à laisser Taïwan pour aller vers la Chine populaire. L'histoire nous donne raison.

Il y a également l'Afrique du Sud. C'est un pays pratiquement développé. Leurs avions font escale à Dakar pour se rendre aux États-Unis. Il ne faudrait pas que la coopération se limite au « *stop over* ». Il faut que les industries soient également concernées. Si un Sud-Africain produit de la viande séchée en Afrique du Sud pour la vendre aux États-Unis, il n'a pas les mêmes avantages que s'il la produisait au Sénégal pour le marché américain. D'abord c'est trois fois plus loin, ensuite il y a des quotas. Ici, il n'y a pas de quota. Il y a le cheptel ici. Alors, on implante ces industries ici au Sénégal, on produit la viande séchée ici, et on exporte vers les Amériques. Je sais que c'est plus compliqué que ça. J'essaie de faire simple pour promouvoir des concepts.

J'ai discuté avec notre grand frère et ami, l'ancien président du Nigeria, Olusegun Obasanjo. Je lui ai dit ceci : « Le Nigeria est un géant de la CEDEAO. Vous avez du pétrole, pourquoi ne ferait-on pas un hub pétrolier dans un pays qui n'en produit pas ? Imaginons un grand complexe pétrochimique au Sénégal, encore une fois pour le marché américain. Il y a de nombreux produits dérivés qu'on peut fabriquer à partir du pétrole. Les matières plastiques, les détergents, les fibres synthétiques, certains engrais pour ne prendre que ces exemples-là. On pourrait fabriquer ici des pare-chocs synthétiques. Combien de pare-chocs pourrions-nous vendre ainsi aux États-Unis ? » Il m'a répondu : « C'est une excellente idée, travaillons à la développer ! » Le Nigeria pourrait nous fournir du pétrole. Ce pétrole serait raffiné au Sénégal et par ailleurs vendu dans les pays de la CEDEAO à des prix préférentiels. Quant aux autres sous-produits, ils seraient destinés au marché américain. C'est cela la coopération Sud Sud.

En filigrane de tout cela, imaginez le nombre d'emplois qui seraient créés. Tous ces jeunes diplômés, formés dans des filières pointues des différentes branches des technologies de pointe, n'auraient nul besoin de s'expatrier. Et là, je peux faire une transition vers la matière grise sénégalaise. Les Sénégalais apprennent très facilement et vite. Nous devons être une plate-forme de compétences diverses. Nous devons installer des écoles de formation. Vous voyez donc que nous sommes partis de l'AGOA pour arriver à la formation. Les effets induits de l'industrialisation du Sénégal dans le cadre de la facilité américaine sont sans limites du nord au sud, d'est en ouest.

Aujourd'hui au Sénégal, il y a une explosion de centres de formation. Au lieu d'aller en Europe, les Africains pourraient venir au Sénégal. Vous savez que l'Europe se ferme de plus en plus. Les étudiants africains ont de plus en plus de difficultés à obtenir des visas pour aller étudier là-bas. Tant mieux, ils viendront au Sénégal. Nous aurons ici un véritable « melting-pot ». Ils auront des conditions presque similaires à celles de l'Europe ou même des États-Unis. D'où le concept de *Brain City*, la Cité de la Connaissance, dont nous reparlerons dans le cadre de notre ville nouvelle. La qualité de l'enseignement ne fera pas défaut. Les nouvelles technologies de l'information permettent déjà de rester chez vous ou de vous coucher au bord de la mer et prendre les cours du MIT sans avoir besoin d'aller à Boston, ou de la Sorbonne sans mettre les pieds à Paris, tout en sirotant votre verre de jus d'ananas ou de *bissap*, ou encore en buvant votre noix de coco sur la plage. C'est pour cela que je voudrais aussi que l'anglais devienne la deuxième langue de travail au Sénégal. Quelqu'un qui ne parle pas anglais dans le monde globalisé d'aujourd'hui est handicapé. Et si nous voulons être ce grand hub, hub industriel, hub du savoir, l'enseignement de l'anglais est une impérieuse nécessité. Nous en reparlerons également.

Et puis, je n'oublie pas la diaspora. J'appelle ce vivier l'« or gris de la diaspora ». On dira que l'année dernière, la diaspora a envoyé X milliards, etc. Elle fait ce qu'elle peut. Tout cela n'est pas structuré, nous n'avons pas une politique agissante, de concertation, une politique de développement par la diaspora. En dehors des fonctionnaires qui sont dans des ambassades, la plupart des gens sont partis, certains à l'aventure, d'autres ont essayé de mieux se structurer pour voir comment aider les parents ou amis qui sont restés au pays. Cet argent sert à acheter ou construire des maisons, des écoles, des hôpitaux, et représente au bas mot, peut-être 20% du PIB. C'est énorme. La diaspora doit être une équation majeure dans la structuration de toute politique de développement du Sénégal.

Revenons au hub industriel. Il existe des conditions préalables à toute délocalisation. Le Sénégal a de très sérieux problèmes d'énergie. Croyez-vous que les industriels des pays dont vous parlez se bousculeront comme ça aux portes du Sénégal ?

Vous avez raison de donner comme exemple le handicap énergétique. Une fois que l'option de la délocalisation est retenue, il nous reviendra de remplir les conditions de faisabilité. Il faut en effet maîtriser les problèmes d'énergie parce que c'est fondamental au fonctionnement des industries. Mais là aussi il faut oser. Avec l'ensoleillement que nous avons, nous pourrions, avec 1 milliard de dollars, construire une centrale solaire de 500 mégawatts. Vous pourriez rétorquer que 1 milliard de dollars, ça fait beaucoup d'argent. Mais c'est en apparence seulement, si vous réfléchissez. Une telle centrale a une durée de vie d'au moins 50 ans. Pour faire simple et rapide, ramené annuellement, le coût est l'équivalent de 10.000.000 de dollars par an. Au coût actuel du kWh, à consommation égale, la facture à payer irait chercher au-delà de 50.000.000 de dollars. Vous pouvez aller vérifier ! Mieux, avec les CSTJ (Cellules solaires à triple jonction), on arrive à des rendements encore plus intéressants.

Croyez-vous que l'AGOA sera toujours là, à votre chevet, dans dix ou quinze ans ?

Après une dizaine d'années d'AGOA utilisé de manière optimale, nous aurons créé les conditions qui nous permettront d'être concurrentiels, même en payant des taxes. C'est une forme d'aide au décollage, différente de ce que nous avons reçu jusqu'à présent, c'est-à-dire des aides au maintien de la pauvreté, mais surtout de la paresse. L'AGOA doit nous faire remuer les méninges, retrousser les manches, faire preuve d'esprit d'entreprise. C'est d'ailleurs l'idée qu'avaient les Américains en mettant en place ce programme. Je ne suis pas sûr que nous y ayons compris grand-chose.

Vous avez évoqué la position géographique du Sénégal qui doit tirer intelligemment profit de l'AGOA, comme vous venez de nous l'exposer. L'autre atout, vous l'avez mentionné, ce sont les centaines de kilomètres de plages qui s'étirent le long de

l'Atlantique. Comment transformer cela en espèces sonnantes et trébuchantes ?

Nous avons les plus belles plages au monde. Je le dis sans excès de chauvinisme, je sais de quoi je parle. J'ai déjà eu à visiter à travers le monde les plages qualifiées dans les dépliants touristiques de « paradis terrestre ». Avec d'ailleurs quelques exagérations. C'est donc en connaissance de cause que j'affirme que la nature nous a fait don des plus belles plages au monde. Plus de 600 kilomètres de sable ensoleillé toute l'année. Un jeune guide touristique sénégalais disait à ses visiteurs qu'ils seraient entièrement remboursés si un seul jour d'ensoleillement venait à manquer durant leur séjour. Qu'on le veuille ou pas, nous devons avoir une vocation touristique claire et bien définie. Il n'est pas normal que le Maroc ait 9 millions de touristes à côté de nous, les Îles Canaries 10 millions, et que nous n'affichions pas au moins le million au compteur. Écoutez, nous sommes à moins deux heures d'avion des Îles Canaries. Nous n'avons pas un seul bureau de tourisme à Las Palmas. Si nous renforçons la coopération avec ces Îles, en y ajoutant le Maroc et pourquoi pas la Tunisie, pour ne prendre que ces exemples, nous pourrions drainer des millions de touristes additionnels.

De nombreux touristes européens traversent le continent africain pour aller faire du safari au Kenya. S'ils savent qu'en se rendant au Maroc ou aux Canaries, ils peuvent venir faire un mini safari de 3 ou 4 jours au Sénégal, je suis persuadé qu'ils reconsidéreront leurs projets de vacances. Bien sûr, cela demande de l'organisation et de la concertation avec ces pays, en y associant les tours opérateurs, les agences de voyages et les compagnies aériennes.

J'ai demandé à des experts de travailler sur la possibilité de faire venir 5 millions de touristes supplémentaires au Sénégal en 5 ans. C'est presque du rêve, mais c'est un défi. Si nous ne faisons que la moitié et que 5 ans plus tard nous arrivons à ce chiffre, ce serait appréciable.

Au-delà des chiffres que nous voulons améliorer, il va falloir s'assurer que ceux qui viennent pour la première fois reviendront une deuxième fois, et qu'ils adopteront la destination Sénégal comme leur lieu de vacances privilégié. Pour cela, le cadre d'accueil doit être agréable dans un environnement qui respire propreté, confiance et liberté d'aller et venir sans être agressé par des ambulants et des mendiants. Je crois personnellement qu'il y a lieu de créer un fonds de solidarité qui pourrait, par exemple, être alimenté par une surtaxe spéciale dite « taxe de solidarité » sur l'achat des cigarettes ou des boissons alcoolisées. Il y a également lieu d'interdire l'utilisation des sachets plastiques, si nous voulons redonner un beau visage à notre environnement. Des villes comme N'Djaména et Kigali l'ont fait avec un très grand succès. À l'aéroport de Kigali, il est strictement interdit de dépasser le comptoir des douanes sans s'être débarrassé de tout emballage ou sachet en plastique. Et puis c'est tellement simple, il suffit d'un arrêté. J'espère que notre ami Haïdar El Ali, ministre de l'Environnement et de la Protection de la Nature, lira ce passage et qu'il prendra un arrêté interdisant l'usage des sachets plastiques tels que l'ont déjà fait avec succès les pays que je viens de mentionner.

Autre axe de coopération, le Brésil. C'est un pays émergent. Les Brésiliens viennent en Afrique réaliser de juteuses affaires. Voilà un pays où le niveau de vie de la population a sensiblement augmenté depuis une décennie. Quand le niveau de vie augmente, la quête de loisirs augmente, le besoin de découverte également. Mais je n'ai jamais vu un seul touriste brésilien dans les rues de Dakar. J'exagère un peu, mais c'est pour vous dire que j'ai comme l'impression que nous refusons de réfléchir. Or la réflexion, c'est l'action. Il faut donc « oser réfléchir ».

Dans le domaine de l'agriculture également, nous devons pouvoir développer beaucoup de choses. J'ai visité des ranchs brésiliens il y a une dizaine d'années avec ma fille Diane et nous mettons actuellement sur pied un axe de coopération qui visera notamment à importer des embryons de bovins.

Oser entreprendre semble être le message que véhicule le génie avec lequel vous avez tissé la toile de votre groupe aujourd'hui présent sur trois continents.

Pour réussir, un entrepreneur doit oser, être audacieux, aspirer à être le meilleur dans son secteur, croire en ses valeurs et en ses potentialités. La réflexion et l'action sont sans temps mort, surtout lorsqu'il s'agit de notre avenir, l'avenir de nos États, celui de nos enfants et, comme on le dit généralement, celui des générations futures.

Nous n'osons donc pas, sinon pas suffisamment. Le bilan mitigé des cinquante dernières années n'a-t-il pas un effet inhibiteur sur les volontés ?

Vous parlez bien d'un « bilan mitigé ». Cela veut dire qu'il y a eu des échecs, mais aussi des réussites. De nos échecs, nous devons tirer des leçons pour l'avenir. Nos réussites doivent nous conduire à oser davantage. C'est pour cela qu'il faut prêcher par l'exemple. Ceux qui ont réussi doivent témoigner, véhiculer l'enthousiasme, communiquer, montrer que c'est possible, le fameux « *sky's the limit* » des Anglo-saxons, ou le « *yes we can* » de Barack Obama. L'enthousiasme est le propre des capitaines d'industrie qui ont réussi. Nous devons nous persuader que nous sommes capables de déplacer les montagnes. D'ailleurs, l'auteur de cette merveilleuse formule a dit qu'il ne fallait qu'une petite foi pour le faire.

Avant d'aborder vos considérations pour un Sénégal émergent en 2022-24, pourriez-vous nous donner quelques exemples des « montagnes » que vous avez déplacées avec la mesure de votre foi ?

La foi dont je parle n'est évidemment pas celle qui consiste à s'asseoir sur son tapis de prière ou dans la chapelle et à attendre que les anges débarquent du ciel pour apporter le paradis. Il s'agit d'une foi agissante, l'audace d'entreprendre, c'est-à-dire la capacité de faire preuve de courage et d'ingéniosité, d'avoir confiance en soi.

Je prendrai trois exemples au hasard pour illustrer mon propos.

En juillet 2007, le président de la République, Abdoulaye Wade, me convoque pour une séance de travail. Dès que j'arrive, le Président me parle de sable lourd qui devrait rapporter au Sénégal 80 millions de dollars, d'une compagnie minière et d'une cité à déplacer. Puisqu'un chef d'État ne parle pas en parabole, je mets ensemble les éléments en commençant par ce que je connais le mieux, c'est-à-dire bâtir des immeubles, des villes ou des cités. Il est très facile de faire la translation de la nouvelle ville à sortir de terre près de Lompoul.

Mais ici, le Président ne vous parle ni d'immeubles ni de villes ou de cités à bâtir.

Le Président me parle de sable lourd. Il m'apprend que l'on en extrait un produit appelé zircon et que des hommes d'affaires australiens proposent de payer 80 millions de dollars pour l'extraire. J'ignore en ce moment ce que c'est que le zircon, mais je trouve que 80 millions dollars, c'est trop peu d'argent. Je dis au Président : « Je veux renégocier le contrat et le mettre à 1 milliard de dollars. »

Le Président me regarde, dubitatif et me dit : « Pierre, tu n'es pas fou ? » Il m'avait expliqué que le zircon sert, entre autres, à fabriquer ce qu'on désigne sous l'appellation de faux diamants utilisés dans la bijouterie.

Je décide donc de me rendre en Australie. Je prends au préalable quelques contacts utiles avec les dirigeants de l'entreprise en question, la société MDL, basée à Brisbane. Avant de partir, je prends soin, comme un bon élève, d'en savoir un peu plus sur le zircon et les sables lourds.

Pour la petite histoire, la société MDL exploite l'or de Sabadola actuellement. Elle est représentée au Sénégal par un ingénieur des mines sénégalais qui fera montre d'un véritable patriotisme économique. Il a été à mes côtés pour défendre les intérêts du Sénégal pendant toute la phase des négociations.

Alors, vous débarquez à Brisbane !

Oui, et nous sommes accueillis en grande pompe par MDL. Ils mettent les petits plats dans les grands. Un hélicoptère est mis à notre disposition. Ils font le grand show. Je me dis tout de suite ceci : « avec toute cette énergie et tous ces moyens déployés, je n'ai pas affaire aux lampistes d'une petite société. Ma conclusion est claire : le zircon est rentable ; le milliard est jouable et même gagnable. » Ma mission avait plusieurs objectifs. D'abord m'assurer qu'après l'exploitation du zircon, l'environnement serait sauf et que ce milieu resterait vivable.

L'autre but de ma mission, en dehors du problème environnemental, était de voir l'aspect technico-physiologique : une fois que ces sables auront été chahutés, pourrait-on construire là-dessus plus tard, dans deux cents ans par exemple ? Là également, j'ai eu une grande surprise, parce que la tour la plus grande au monde en appartements c'est à Brisbane : il s'agit du *Q Building*. C'est une belle tour de 100 étages, la plus haute de l'époque. Je suis allé jusqu'au 98ème niveau pour en conclure que si le sable chahuté peut prendre une tour, cela veut dire qu'il n'y a pas de souci à se faire.

Mais vous n'avez toujours pas le milliard de dollars promis au Président !

Il fallait d'abord que j'obtienne son feu vert sur le plan technique, voire architectural. J'appelle donc le Président et lui fais un compte rendu téléphonique. Son accord obtenu, je lui dis : maintenant, je vais chercher le milliard. Il se met à rire en me lançant : « On m'avait dit que tu étais fou, mais maintenant, je suis convaincu que tu es vraiment fou. » Ma réaction face au scepticisme du Président est simple : « On va essayer, on ne perd rien à négocier. »

Vous avez maintenant carte blanche.

Je découvre, par ailleurs, que le zircon est aussi utilisé dans l'industrie aéronautique. Ma religion est donc faite. Au cours de la dernière réunion que je tiens avec les partenaires australiens, je leur dit que j'ai deux nouvelles à leur annoncer. Une bonne et une mauvaise. La bonne, c'est qu'ils peuvent continuer l'opération, parce que le Président est rassuré par les garanties techniques et environnementales. La mauvaise nouvelle, c'est que les 80 millions de dollars ne sont pas une offre sérieuse. Ils font mine d'être très étonnés : « Ah bon ! »

Et j'enchaîne : « Je veux un milliard de dollars. » « Monsieur le Conseiller spécial vous savez que ça, ce n'est pas possible. » « Alors, si ce n'est pas possible, on arrête les travaux. Moi je suis conseiller spécial pour un franc symbolique que le Président ne m'a même pas payé. Ensuite, je suis un homme d'affaires et je suis venu négocier pour mon pays. Vous nous donnez un milliard de dollars ou on vous demande de partir. Mais en pays respectueux de ses engagements, le Sénégal va respecter les conventions si la rupture du contrat est de son fait. Je double les indemnités. Cela veut dire quoi ? Cela veut dire que si vous devez partir et qu'on vous doit 10 millions de dollars, moi je vous fais donner 20 millions de dollars et vous partez. »

Vous semblez être très sûr de vous.

Je devais aller jusqu'au bout de ma logique. Je me rends compte que les lignes commencent à bouger : « Eh bien Monsieur Goudiaby, si vous nous aviez dit 200 millions de dollars, on aurait pu comprendre, mais on ne peut pas donner un milliard de dollars. » Je leur tends alors ma carte de visite et j'embarque pour les États-Unis pour passer quelques jours avec mes enfants.

À mon arrivée, dès que j'ouvre mon courrier électronique, il y a une nouvelle offre des partenaires australiens. Nous commençons alors à danser avec les chiffres. 400 millions ? Loin du compte. 650 millions ? Pas encore. Alors 850 millions ? Cela commence à être intéressant.

Je décroche mon téléphone et j'appelle Jeff, un des responsables de la firme. Je lui dis que j'apprécie les efforts, mais « il manque un tout petit peu pour arriver au résultat final ».

Le lendemain, MDL propose 1 milliard 165.000 dollars, pour la même convention, la même durée, le même endroit. J'appelle le Président qui était en vacances en Allemagne pour lui annoncer la bonne nouvelle. Très étonné, il n'en croit pas ses oreilles et demande une confirmation par mail que je lui fais parvenir à travers son aide de camp, le Colonel Cissokho. Dès réception du message, le Président m'appelle et suggère : « Alors Pierre, on se retrouve à Dakar ? »

J'achève mes trois jours de vacances avec mes enfants avant de rentrer au Sénégal. Parti seul, sans expert, et sans véritablement savoir ce que c'est que le zircon, c'est à force d'audace que mon pays a pu obtenir au lieu de 80 millions de dollars, plus de 1 milliard de dollars. Quand on a l'audace et que l'on veut négocier sérieusement, il n'y a pas de limite sur ce qu'on peut faire. D'ailleurs, cet exemple-là, je le donne pour qu'il fasse école et que tout le monde comprenne que si nos ressources sont bradées c'est simplement de notre faute.

Est-ce cet esprit d'audace qui explique l'éclatement de votre Groupe sur trois continents, l'Afrique, l'Europe, l'Asie et bientôt l'Amérique du Nord et du Sud ?

Pour moi, le Brésil est la prochaine nouvelle frontière. Dakar est seulement à moins de 3000 kilomètres de la ville brésilienne de Natal. Il faut donc anticiper sur l'avenir. On ne peut pas rester insensible face à l'expansion de la Chine à travers le monde. Son économie est dynamique grâce à un modèle tourné vers l'extérieur. C'est ainsi qu'il y a six ans, j'ai décidé d'y ouvrir une représentation. Ce sera là le deuxième exemple au sujet de l'audace.

Lorsque je rencontre Liu Jan Ping, un homme d'affaires chinois, je lui fais clairement connaître mes intentions : « Je veux ouvrir un bureau ici à Beijing. Vous en serez le gérant. » C'est ainsi que ATEPA CHINA AFRICA LINKS voit le jour. C'était en 2005. Et deux années plus tard, on avait tellement d'affaires, qu'on a dû agrandir l'espace. Aujourd'hui, ATEPA CHINA AFRICA LINKS est sur 300 mètres carrés en plein cœur de la capitale chinoise. La société est supervisée par une de mes filles, Éva. Et il n'y a pas que le Sénégal qui en profite. J'ai récemment conduit à Abidjan avec l'ambassadeur de Côte d'Ivoire en Chine une délégation d'une dizaine de grandes entreprises chinoises, dont CHINA RAILWAYS qui est dans le chemin de fer, GREAT WORLDS qui envoie les satellites dans l'espace, etc. Donc voilà ce que l'audace m'a permis de faire. Parce que j'étais audacieux il y a six ans, aujourd'hui, on peut dire que le GROUPE ATEPA compte sur la place de Beijing.

C'est donc toute l'Afrique qui tirera profit d'ATEPA CHINA AFRICA LINKS ?

Tout à fait, comme d'ailleurs son nom l'indique. Et il y a déjà des chantiers en cours. Je pourrais vous parler en guise d'exemple du Team 9.

De quoi s'agit-il ?

Un de mes amis indiens du nom de Ratina-Velu vient me voir un jour pour me dire : « Alors Pierre, il faudrait que nous voyions comment structurer une relation durable entre l'Inde et votre continent, surtout que tu nous aides avec ton carnet d'adresses. Bref, il faut que nous fassions quelque chose d'exceptionnel. » Je l'écoute et on décide de faire le Team 9. Je lui propose que l'on sélectionne huit pays africains, dont le Sénégal bien sûr. Objectif : les organiser pour qu'ils aient une coopération exemplaire avec l'Inde.

J'ai choisi des pays avec lesquels je pouvais prendre le téléphone, appeler le chef de l'État ou le Premier ministre. Outre les pays francophones sur lesquels se porte mon choix, j'ajoute à ma liste le Ghana. Comme vous le savez, l'ancien président ghanéen John Kufuor est un ami. Je souhaitais avoir sur ma liste un pays anglophone. Une des raisons de notre retard sur les relations économiques c'est la barrière linguistique.

Le deal est scellé et le Président Wade entreprend sa première visite officielle en Inde. Elle est couronnée, entre autres, par un accord grâce auquel l'Inde accepte de mettre 200 millions de dollars à la disposition du Team 9. Quand le Président m'annonce la nouvelle, je ne suis pas tout à fait satisfait. Certes, on ne va pas cracher sur 200 millions de dollars, mais on pourrait bien obtenir davantage. Je vais voir mon ami ministre indien qui s'occupe du dossier. Je le remercie de l'effort de son pays, mais en même temps je lui fais remarquer que 8 pays africains méritent plus, et qu'un demi-milliard de dollars sonne mieux que 200 millions.

Entre amis, nous nous parlons franchement. Alors, il me répond : « Pierre, tu ne sais pas que nous sommes un pays en développement ? » Je lui réponds que c'est lui qui le pense. Sur ce, il appelle le Premier ministre pour lui faire part de ma demande, et sa réponse est positive. Mieux encore, il demande que les 500 millions de dollars soient « revolving », c'est-à-dire que quand les pays finissent de consommer, on remet les compteurs à 500 millions.

C'est grâce à cette ligne de crédits qu'on a pu avoir les bus Tata au Sénégal. De même que SENBUS, c'est nous qui l'avons créé. Pour la petite histoire, le patron de SENBUS, nous lui avons pratiquement pris la main pour l'emmener en Inde. De même, c'est nous qui avons fait venir KYRLOSKAR, le numéro un mondial de l'irrigation. C'est lors d'un voyage en Inde que j'ai découvert qu'ils avaient fait passer le Laos de 200 mille tonnes de riz à 200 millions de tonnes en 5 ans. Donc j'en ai parlé au Président et c'est là où il y a eu cette complicité positive avec lui.

Les Indiens sont venus pour démarrer le programme d'autosuffisance en riz. Dans les cinq années suivantes, on devait atteindre l'autosuffisance. Malheureusement, le ministre de l'Agriculture d'alors n'avait rien compris. Lorsque les pompes sont arrivées, il les a fait mettre dans un hangar pendant des mois pour les distribuer ensuite sans plan ni projet. Je souhaite vivement que le nouveau ministre de l'Agriculture puisse relancer ce dossier important pour notre pays.

Et votre troisième illustration ?

Le chemin de fer Dakar-Ziguinchor. J'ai dit ceci au Président Wade : « Monsieur le Président, je ne peux pas avoir comme amis les patrons du chemin de fer indien et ne pas pousser l'idée d'un train qui relierait Ziguinchor, ma ville natale, à la capitale Dakar. »

Quand il m'en a donné le feu vert, les Indiens nous ont offert une ligne de crédit d'environ 10 millions de dollars pour les études qui sont à ce jour bouclées. J'ai même déjà dessiné la future gare de Ziguinchor !

Il faut maintenant choisir entre deux tracés : soit celui qui passerait par la Gambie avec le fameux futur pont de Farafénié sur le fleuve Gambie, soit la grande boucle qui passerait par Kolda. La balle est maintenant dans le camp du Président Macky Sall. Puisque la Casamance fait partie de ses priorités, je suis sûr que ce projet ne va pas dormir dans les tiroirs. En tout cas, lors d'une récente visite de travail à New Delhi, j'en ai reparlé avec mes amis indiens et je sais qu'ils sont prêts à envisager cette fois-ci la réalisation de ce rêve qui est loin d'être fou !

La quatrième illustration ?

La quatrième illustration est une proposition que j'étudie actuellement avec les experts et qui consisterait à faire de l'île de Karabane une zone franche financière.

Nous parlons depuis de production de biens réels. Il est temps que nous grignotions quelques espaces dans le monde de la finance. J'échangeais là-dessus avec un ami de passage, et je lui ai parlé d'une île sénégalaise, qui fait, bien entendu, le bonheur des touristes. C'est l'île de Karabane, logée dans l'estuaire du fleuve Casamance. Je lui ai dit : Karabane, c'est le paradis des touristes. La promenade à pied sur du sable blond, le farniente, l'air marin mêlé aux senteurs bucoliques, je n'ai rien contre cela. Mais le Sénégal pourrait tirer davantage profit de ce cocon paradisiaque en le transformant en zone franche financière sans pour autant que ce soit un refuge pour l'évasion fiscale. Karabane pourrait ainsi devenir un important levier économique pour toute la sous-région. Les financiers du monde entier pourraient y joindre l'utile à l'agréable dans un environnement encore une fois paradisiaque.

En regardant Karabane, j'ai pensé à un petit pays, la Principauté du Liechtenstein. 160 km2 sans accès sur la mer, avec une population estimée à 36 000 habitants. Il y a quelques décennies, pour survivre, la principauté avait dû vendre quelques tableaux de grands maîtres. Aujourd'hui, elle est prospère grâce à la production des biens d'équipements industriels, à un faible taux d'imposition des entreprises et des multinationales qui généralement n'y possèdent qu'une boîte postale. Le taux de chômage n'est que de 2%, le pays n'a pas de dette, et le niveau de vie de sa population se situe au deuxième rang mondial après Monaco.

C'est à méditer. C'est pour cela que je tâte le terrain en ce moment auprès de quelques amis banquiers et patrons d'entreprises multinationales. On pourrait également en faire une cyber-île et y promouvoir les industries des Nouvelles technologies de l'information et de la communication.

La cinquième illustration ?

J'ai proposé à notre ministre de l'Agriculture la réalisation en Casamance de la deuxième sucrerie du Sénégal, en collaboration avec mes associés indiens dans l'agro-business. Tout un programme, avec la création de GIA (Groupement d'Intérêt Agricole) qui seront aminés par des jeunes auxquels on associerait éventuellement des ex-rebelles, avec à la clé de l'emploi pour plus de 8 000 personnes avec 8 000 hectares. Pour la petite histoire, il faut savoir que la première raffinerie qui se trouve actuellement à Richard-Toll avait pour première destination la zone de CEFA en Casamance qui est la même que celle que nous avons identifiée et sur laquelle nous travaillons actuellement pour un financement prévu d'environ 100 millions de dollars dont la moitié est déjà disponible.

Et votre cinquième illustration ?

Elle est en cours. Je négocie actuellement avec la FIFA pour que Jamal Habibi, le Mickey Mouse arabe soit retenu comme la mascotte de la Coupe du Monde de football de 2014 au Qatar.

Comment est née cette idée pour le moins originale ?

J'étais au Qatar, sur invitation d'Ahmad Bin Suhaïn al Thani, le père de la future reine. On était un soir avec ses banquiers. Au cours d'une discussion, j'ai essayé de le convaincre de venir investir en Afrique. Il me dit que c'est trop loin, et qu'il préfère que ce soit moi qui envisage de faire quelque chose avec lui au Qatar. Alors, je lui dis : « Écoute ! Ici, il faut que tu fasses un parc à thème, si cela t'intéresse. »

Ainsi donc, la nuit et le désert vous porteront conseil.

Si vous voulez le dire ainsi. En tout cas, dès le lendemain, je suis inspiré pour écrire l'histoire de ce que j'appelle le « Mickey Mouse du monde arabe » : Jamal Habibi, mon cher chamelon.

Pour peaufiner l'histoire, j'ai commis des experts, et je me suis rendu à l'Institut du monde arabe à Paris, où j'ai pu largement m'entretenir avec son président d'alors, Dominique Baudis, sur les perspectives de développement des aventures de Jamal Habibi. Un site internet lui est d'ailleurs consacré à l'adresse suivante : www.jamalhabibi.com.

L'histoire telle qu'écrite pour la première fois se trouve en fin d'ouvrage.

Vous étiez conseiller spécial du président Abdoulaye Wade. Après la victoire de Macky Sall contre ce dernier, vous avez déclaré être à la disposition du nouveau pouvoir. Patriotisme ou opportunisme ?

Cela ne peut en aucun cas être de l'opportunisme. Souvenez-vous qu'au lendemain de la proclamation des résultats, j'ai dit que « le vainqueur, c'est le peuple sénégalais ». C'est à lui que revient le mérite de cette fin de processus électoral exemplaire, un processus, il faut le dire, qui fut émaillé de graves incidents.

Je ne suis pas un politique. Je suis architecte et opérateur économique. À ce titre, j'accompagne depuis de très nombreuses années les projets utiles au Sénégal. Bâtir une nation n'a rien à voir avec la couleur politique. Un architecte n'entre pas dans l'opposition parce que le Gouvernement avec qui il travaillait a perdu les élections. Cela n'aurait pas de sens. Il faudrait alors arrêter les projets en cours. Imaginez l'aspect qu'aurait une ville dont les architectes arrêteraient les travaux en attendant que le pouvoir change à nouveau de mains, et que pendant ce temps tout serait repris à zéro par les tenants du nouveau pouvoir. Vous savez très bien que de la conception d'un projet à sa réalisation, plusieurs régimes peuvent se succéder. Les hommes qui se succèdent travaillent pour la nation. Ils assurent la continuité de l'État sans laquelle ce dernier n'aurait aucune crédibilité non seulement vis-à-vis du peuple, mais également vis-à-vis des engagements internationaux. Concernant plus précisément mes relations avec tel ou tel chef d'État, j'essaie à mon niveau d'avoir une démarche intellectuelle honnête.

Je vais vous raconter une anecdote. Le lendemain de sa victoire sur le président Abdou Diouf, le président Abdoulaye Wade a appelé chez moi. Il est tombé sur Léontine, notre assistante de ménage, qui ne parle pas un mot de français, et demande après moi. Il lui dit : « C'est le président de la République qui souhaite parler à Monsieur Goudiaby. » Téléphone en main, elle me lance en ouolof : « C'est un monsieur, qui dit qu'il est Président de … je ne sais quoi, qui souhaite vous parler… »

Pour elle, Président, elle comprend, mais République ? C'est quoi ça même ? comme diraient mes parents ivoiriens. Bref, c'était le Président Wade. Il me fait venir chez lui au Point E et me dit qu'il souhaiterait que je sois son conseiller spécial !

Je lui lance : « Monsieur le Président de la République, ce n'est pas possible parce que, vous ne le savez sans doute pas, le vote étant secret, je n'ai pas voté pour vous, j'ai voté pour Abdou Diouf qui est mon ami et qui le restera toujours. » Il me répond : « Tu votes pour qui tu veux, moi je veux construire ce pays et je souhaite que tu m'accompagnes. »

La suite de l'histoire est encore plus intéressante. J'appelle le président Abdou Diouf qui, par « élégance », était déjà parti du Sénégal (il se trouvait au Maroc). Il me dit ceci : « Pierre, cet homme veut le bien pour notre pays, fais tout pour l'accompagner dans ses projets. » Ce n'est pas beau ça ?

Tout cela pour vous dire que quand il s'agit du développement du Sénégal, je n'ai pas d'états d'âme. Tout le monde sait que je ne fais pas de politique politicienne. Je n'ai pas besoin de revenir sur les problèmes que j'ai eus avec le Président Wade tout au long de notre parcours pour lui avoir toujours dit la vérité à des moments difficiles, voire périlleux. Tout le monde sait que j'étais le seul dans son entourage à lui avoir dit deux ans avant les élections qu'il ne fallait pas qu'il se représente et qu'il ne devait pas nous faire vivre une campagne électorale de deux ans ! Cela dit, je continuerai toujours à aller lui rendre visite pour « causer » comme je l'ai fait plusieurs fois déjà depuis qu'il n'est plus au pouvoir.

Tout cela pour vous dire que l'on ne saurait interpréter ma « mise à la disposition » du nouveau Président comme de l'opportunisme. Cela ne me ressemble pas. Seulement voilà, la République c'est la République. Si pour lui être utile dans mon domaine de compétence il faut faire avec le Président, qui qu'il soit, je serai toujours disponible.

Et puis, et puis, le Président Macky Sall m'a toujours considéré comme un « grand frère » comme je l'ai dit l'autre jour à des amis qui s'inquiétaient de ma « situation » après la deuxième alternance : « Wade c'est mon grand frère, Macky c'est mon jeune frère ! »

Vous savez, à 65 ans, je rends grâce à Dieu qui m'a permis à force d'audace et de persévérance de travailler partout dans le monde ! Alors, ceux qui pensent que j'ai profité de ma proximité avec le Président du Sénégal pour me faire une place au soleil se trompent.

Comme vous le savez, il y a 35 ans je remportais avec un autre confrère le concours international pour la réalisation de la Tour de la BCEAO. C'est vrai que la plupart des internautes qui s'excitent sur le net, avec souvent des propos déplacés, ont grandi pendant l'alternance et ne savent pas que sur le plan des « besoins matériels », je suis « libre » depuis des dizaines et des dizaines d'années ! *Machallah* !

En parlant donc de patriotisme, je voudrais ajouter l'adjectif « économique ». On en parle depuis quelques années au Sénégal. Vous en êtes d'ailleurs un des hérauts.

En effet, une nation qui aspire à l'émergence ne peut pas faire fi du patriotisme économique. C'est absolument vital.

Quelle est votre définition de ce concept ?

Plus qu'un concept, il s'agit d'une philosophie qui consiste à assurer la défense légitime des intérêts de son pays. Ce n'est pas une tâche qui incombe au Gouvernement ni aux hommes d'affaires. Tous les citoyens sont concernés. Cela va de l'achat d'un billet d'avion de Sénégal Airlines à la rétrocession d'entreprises stratégiques à des privés nationaux. Pour schématiser, cela veut dire « produire sénégalais, consommer sénégalais », sans pour autant, cela va de soi, fermer nos frontières aux produits étrangers. Aucun pays au monde ne peut vivre en autarcie. Aucun pays au monde ne peut fermer ses frontières. Même au plus fort de la Guerre froide, les produits américains franchissaient très officiellement les frontières des pays du Pacte de Varsovie.

Il s'agit d'une dynamique d'ensemble dont la finalité est de stimuler la croissance et donc de créer des emplois. Quand vous achetez un produit importé, vous favorisez la création d'emploi dans le pays exportateur de ce produit. Quand vous achetez un produit fabriqué au Sénégal, vous consolidez le carnet de commandes de l'entreprise concernée, et vous assurez par là même son développement. Comme vous le savez, le développement d'une entreprise va toujours de pair avec sa modernisation et la multiplication d'opportunités d'emplois.

On pourrait donc mettre sur pied une initiative pour une discrimination économique nationale positive.

Ne sommes-nous pas là en plein protectionnisme ?

Le paradoxe de la globalisation, c'est que chacun se protège, sauf ceux qui n'ont rien compris. Ceux-ci, ce sont essentiellement les Africains. Il n'est donc pas étonnant de constater que l'Afrique a des difficultés à assurer son décollage. Dans le « *Mainstream* » de la globalisation, vous avez grosso modo les Européens, les Américains et les Asiatiques. Vous n'ignorez pas la guerre qu'ils se livrent sur les marchés. Allez à l'OMC (Organisation mondiale du Commerce), vous serez surpris par le nombre de contentieux qui existent entre ces champions du libre-échange. Les politiques de quotas, imposées par certains pays, sont la preuve que le patriotisme économique fait bien partie de l'univers du libre-échange.

Il existe néanmoins des zones de libre-échange. L'Union européenne par exemple, ou les accords entre les États américains et ceux existant entre les pays d'Asie du Sud-est !

Bien sûr qu'il existe des accords. Ne croyez-vous pas que, lorsqu'un Français va s'acheter un billet d'avion pour se rendre dans un autre pays de l'Union européenne, il pense d'abord à Air France ? Ça, c'est au niveau individuel. Au niveau des États, si vous consultez le Journal Officiel en France, vous trouverez des lois qui visent à protéger les secteurs stratégiques nationaux. Certains tableaux et peintures, et même des meubles, ne sont pas autorisés à quitter l'Hexagone, même si l'acheteur est étranger. Aux États-Unis un comité ministériel et intersectoriel est chargé d'apprécier les investissements étrangers et surtout de décider si oui ou non telle ou telle entreprise américaine peut être rachetée par une société étrangère. Lorsque vous voyez la composition de ce comité, vous comprenez tout de suite que l'intérêt supérieur du pays se trouve sur la balance. En tête, on trouve les ministères de la Défense, de la Sécurité intérieure, le Trésor américain, etc. Vous savez que les délocalisations, qui répondent pour le capitaliste au souci d'accroître la valeur ajoutée de l'entreprise, sont considérées par les pouvoirs publics comme des actes antipatriotiques.

Concrètement, au niveau du Sénégal, que faut-il faire ?

Il faut une politique de privatisation qui prenne en compte les intérêts nationaux. On peut se demander quel est le pourcentage des intérêts sénégalais dans les dix premières entreprises du pays, en termes de capitalisation. À quelle hauteur sommes-nous présents dans les banques, les assurances, les travaux publics, les télécommunications, l'énergie ?

Je préconise la mise sur pied d'une commission qui évaluerait chaque année le poids de l'actionnariat privé national dans les entreprises des secteurs stratégiques tels que l'électricité, les mines, l'eau, l'équipement militaire, les travaux publics, les banques, les assurances, etc. Il faudrait qu'au niveau de l'Assemblée nationale, une loi soit votée en termes de pourcentage dans le capital de ces entreprises, et que des délais de redressement soient exigés lorsqu'il y a déséquilibre. Mieux, j'ai lu récemment dans la presse que mon ami Baïdy Agne, président du Patronat sénégalais, a émis le souhait que la quatrième licence de téléphonie mobile soit allouée à des Sénégalais. Il a parfaitement raison.

Aujourd'hui, les nouvelles technologies de l'information et de la communication font partie intégrante de notre univers. C'est la raison pour laquelle je pense, et on y reviendra, qu'il faut oser les NTIC. Afin de les intégrer dans la dynamique du patriotisme économique, il faudra systématiser l'usage – et la promotion internationale – du nom de domaine sénégalais (.sn). En même temps, grâce à la qualité de la connexion Internet, dont il faudrait s'assurer, pouvoir héberger les serveurs ici même au Sénégal. C'est un volet important des nouvelles technologies dont on ne maîtrise pas les contours, alors qu'il s'agit là d'un marché de plusieurs milliards de dollars. La référence, chez nous, c'est le « .com ». C'était le cas encore en France il y a quelques années. Grâce à la politique du patriotisme économique, aucune société publique, aucune entreprise privée ne se permettrait de ne pas utiliser l'extension « .fr » pour leurs sites internet. Les Anglais, les Belges, les Canadiens, les

Japonais, pour ne citer que ceux-là, font pareil. Il en est de même, en Afrique, de l'Afrique du Sud et de la plupart des pays anglo-saxons. Nous avons pris pour référence le « .com », tout en ignorant toutes les implications financières et stratégiques.

L'hébergement des sites Internet sur des serveurs basés au Sénégal nous permettrait d'avoir une meilleure maîtrise des flots d'informations. Cela nous permettrait également de disposer d'outils pour combattre la cybercriminalité qui donne de sérieux soucis aux pays africains. Ce n'est pas autre chose que font les Occidentaux. Je n'invente donc pas la roue. Pour cela, bien entendu, nous avons besoin d'infrastructures de très bonne qualité et à bon marché au niveau du débit et de l'énergie.

Le privé national sénégalais pourra-t-il disposer des moyens qu'exigent certains secteurs d'activités où les capitaux exigibles sont lourds et demandent une expertise qui pourrait ne pas être disponible sur place ?

Au niveau du Sénégal, les moyens ne manqueront jamais pour permettre à des nationaux d'être présents là où il faut. Aujourd'hui, une compagnie aérienne telle que Sénégal Airlines est contrôlée par le privé national. Mais l'exemple n'est que partiellement bon, car le transport aérien est un secteur difficile. Peut-être a-t-on permis cette prise de contrôle parce que le capital étranger a trouvé l'investissement trop risqué. Les Sénégalais qui ont pris ce risque l'ont fait parce que l'aviation civile est stratégique dans un pays à vocation touristique. Tout doit donc être mis en œuvre pour un accompagnement qui garantisse le succès de l'entreprise.

Si l'on considère simplement le portefeuille des agents de l'État qui voyagent tous les jours, les avions de Sénégal Airlines ne voleront jamais à vide. Mais il faudrait que l'État paie cash ses billets d'avion pour ne pas mettre la compagnie en difficulté. Et ça, ce serait un acte de patriotisme économique. Nous avons toujours en mémoire le triste exemple d'Air Afrique.

Par contre, je ne peux pas comprendre, et cela est inacceptable, l'absence totale des Sénégalais dans la téléphonie mobile. Depuis plus de 10 ans, ce secteur est un de ceux qui rapportent le plus d'argent aux investisseurs. Selon les projections, sur les quinze prochaines années au moins, les entreprises évoluant dans ce secteur gagneront encore beaucoup plus d'argent.

Et là, je suis d'accord avec le président du Patronat, mon ami Baïdy Agne, qui souhaite que la quatrième licence soit cédée à des Sénégalais. Ce ne sont pas les références qui manquent au Sénégal et dans pratiquement tous les secteurs. Prenez l'agro-industrie, j'ai mon ami Hamet Amar qui, comme moi, a commencé sans grands moyens. Il est aujourd'hui « l'empereur de la minoterie » et bientôt il sera celui des pâtes alimentaires non seulement au Sénégal mais dans la sous-région. Dans le BTP, vous avez le grand frère Alioune Sow de la CSE, Léopold Ngom de SERTEM pour ne citer que ceux-là. Dans le domaine de la banque, vous avez notre nouveau Premier ministre qui a démontré avec brio qu'il n'y a pas de métier tabou, et il y en a bien d'autres. Mais ce que je veux dire c'est qu'il faut une politique nouvelle qui pousse ces gens-là vers le haut. Encore une fois, il faut que les leaders sénégalais bénéficient d'une discrimination positive pour faire mieux prospérer leurs affaires. C'est le pays tout entier qui y gagnera.

Au niveau de l'expertise, je n'apprends rien à personne. Les cadres sénégalais pullulent aussi bien dans les organisations internationales que dans les multinationales. Ceux qui vivent au Sénégal ou qui sont rentrés contribuer au développement du pays sont légion. Si vous cherchez même des experts en physique nucléaire, vous les trouverez sur place. Je connais le patriotisme de mes compatriotes qui exercent dans de grandes institutions en Europe ou aux États-Unis. Ils seront prêts à répondre à toute demande d'expertise nationale. J'en connais qui l'ont déjà fait.

Y a-t-il des secteurs où la présence de l'entrepreneuriat sénégalais vous satisfait ?

Oui. Il y a, par exemple, les services, où les entreprises sénégalaises font preuve de beaucoup d'ingéniosité. Mais ce n'est pas suffisant. Les secteurs à grandes valeurs ajoutées sont entre les mains du capital étranger. Les Sénégalais doivent pouvoir gagner de l'argent chez eux.

Une classe moyenne forte tend à réduire les inégalités. Dans ma vision, le Sénégal doit pouvoir accéder au rang de pays émergent d'ici 2025. Pour cela, la physionomie de l'économie doit subir de profondes mutations. Mutations en diversification des activités, mutations dans l'architecture de l'actionnariat national par rapport à l'actionnariat étranger, mutations dans un ensemble d'indicateurs de niveau social.

Dans cette affaire, le nerf de la guerre, ce sont les banques et à cet effet l'exemple de la Mauritanie mérite d'être cité. Voici un pays où le secteur bancaire est presque entièrement contrôlé par les nationaux. Or, vous ne pouvez pas créer des PME pour les nationaux sans possibilité de prêts bancaires. Ici, on a comme l'impression qu'au Sénégal, si vous ne faites pas partie d'une certaine « sphère », il vous est pratiquement impossible d'accéder au crédit. Et sans la confiance des banques, vous ne pouvez rien faire.

Mais il y a surtout qu'il faut qu'au Sénégal on accepte le fait qu'il y a des gens qui gagnent de l'argent honnêtement comme dirait l'autre, à la sueur de leur front ou de leur matière grise. Il n'y a aucune honte à ça ! Au contraire, c'est tout à leur honneur. Ils sont donc à féliciter et à encourager.

Je suis pour qu'il y ait beaucoup de Sénégalais riches comme Crésus pour tirer un maximum d'autres Sénégalais vers le haut. Mais encore une fois, la richesse dont je parle doit être le fruit du dur labeur et non pas celui d'activités illicites.

Oser les États généraux de l'éducation et la révolution numérique

L'Afrique n'a pas été au rendez-vous de la Révolution industrielle, elle n'a pas beaucoup tiré profit des avantages de l'imprimerie dans l'accumulation du savoir. Selon vous, l'histoire lui tend aujourd'hui une perche inespérée avec l'avènement de la société numérique ?

Il ne fait aucun doute que l'invention de l'imprimerie a permis à l'écriture de féconder toute la richesse qu'elle renferme. La reproduction infinie du savoir et de l'invention a permis à l'humanité de faire un bond qualitatif sans précédent dans l'histoire. C'est vrai que cette révolution s'est faite presque sans l'Afrique et les Africains. Une telle absence explique en partie le « gap » qui sépare l'Afrique du reste du monde.

Les moyens et les voies du progrès ont été définis ailleurs, et ce n'est qu'après avoir fait leur temps là-bas qu'ils ont atterri chez nous. Mais les technologies de l'information et de la communication pourraient être un raccourci que l'Afrique empruntera pour résorber ce gap. La toile virtuelle n'a pas de frontière et le savoir est disponible quasi gratuitement sur le net. Cette toile qui se traduit par une connexion des cultures, des savoirs, des peuples et de l'économie, a produit un monde complètement globalisé, un monde nouveau.

Il ne saurait par conséquent aujourd'hui y avoir de coupure entre les différentes parties du monde : tout est lié, tout le monde est interdépendant. On voit donc pourquoi au Sénégal plus particulièrement on devrait rêver et oser entrer pleinement dans la Révolution numérique. Il semble d'ailleurs, par une magie que je n'arrive pas à comprendre, que le « cerveau » sénégalais soit particulièrement doué à la manipulation et à la créativité des nouvelles technologies de l'information.

D'où l'idée des cybercases qui est l'expression de la vulgarisation à grande échelle de l'Internet.

Le projet « Cybercases » est, sous ce rapport, une vision révolutionnaire que j'ai eu l'honneur et le privilège de partager avec le Président Abdoulaye Wade. Il m'avait demandé d'en assurer le volet architectural, après qu'ensemble nous en ayons approfondi le concept. Le projet des cybercases est une politique de dotation d'infrastructures numériques et électroniques à des communautés de base pour leur permettre de ne pas être coupées du monde et des échanges qui structurent la modernité. L'ordinateur et l'Internet doivent, d'après la philosophie de ce projet, être vulgarisés et permettre non seulement de s'ouvrir au monde, mais aussi de réaliser une intégration entre communautés locales et entre individus.

Le téléphone, le mailing et les services connexes qui en dérivent devraient charrier une cyberculture à l'échelle du village et produire ainsi une visibilité plus nette dans le pays et dans le monde. Cette démarche devra, à terme, faire du monde rural un espace d'échanges où l'on donne et reçoit, pour parler comme Senghor en temps réel, sans fournir des efforts démesurés. La notion de ruralité elle-même devrait changer, car la distance psychique se réduit au même rythme que la distance physique.

Cette démarche permet, si nous comprenons bien le concept, de faire déménager la ville et l'urbanité à la campagne parce que les informations, les valeurs et les savoir-faire sont également disponibles aussi bien dans la campagne que dans les grandes villes.

Tout à fait. Jamais, dans l'histoire de l'humanité, la notion de village planétaire n'a été aussi proche de la réalité : la proximité et le face-à-face qui manquaient au paysan et au pasteur sont devenus aujourd'hui réalité. Mieux, la maîtrise des TIC devrait, à la longue, modifier fondamentalement la nature et le flux des échanges dans le monde rural. En effet, quand le pasteur ou le paysan peuvent, en se connectant à l'Internet, suivre le cours des produits qu'ils proposent sur le marché et opérer des transactions en temps réel, il y a une véritable révolution du commerce.

Avez-vous identifié, sinon répertorié, d'autres bénéfices de cette rencontre entre le savoir et l'avoir en milieu rural ?

Après le e-learning et le e-medecine qui, comme chacun le sait, ont déjà fait leurs preuves, nous allons nous installer maintenant dans le e-agriculture. Personne ne peut prévoir avec exactitude tous les effets bénéfiques qui en découleront. Je crois personnellement que nous y trouverons les futurs instruments de notre développement. À l'échelle communautaire, l'implication des femmes devient de plus en plus effective avec leur accès à ces instruments qui congédient toute forme de discrimination et d'ostracisme. Les femmes, qui ont jusqu'ici été marginalisées dans la gestion des affaires de la cité, accèdent plus facilement à l'information et se libèrent ainsi d'une vieille contrainte. D'ailleurs, dans le cadre du e-learning, ma dernière fille, Gabrielle, vient de créer ce qu'elle a appelé « sencampus » pour exploiter ce créneau de la formation en ligne et aider particulièrement les jeunes filles.

Même dans le domaine de la religion, l'introduction et le développement des nouvelles technologies de l'information ont des effets positifs : tout le monde peut être autodidacte et acquérir les connaissances les plus pointues dans tous les domaines.

Sous ce rapport, la promotion de la femme sénégalaise et notamment de celle rurale devrait s'appuyer sur le levier que représentent ces technologies. Et en ce qui concerne ce qu'on appelle la coopération décentralisée, elles peuvent en être le moyen le plus rapide et le plus accessible.

Il y a aussi la jeunesse. Au lieu d'être une charge pour la société, les jeunes deviennent une véritable locomotive du développement. Aussi, contrairement à une idée reçue, le développement pourrait s'amorcer à partir de la campagne en direction des villes.

On parle de la fracture numérique entre l'Occident et l'Afrique. Elle existe aussi entre la ville et la campagne africaines. Ce fossé, grâce au schéma que vous exposez, ne devrait-il pas être comblé ?

La réduction de cette fracture numérique est, dans ce sens, une nécessité historique pour le continent africain à plusieurs niveaux. Celle qui existe, comme vous l'avez si justement souligné, entre l'Occident et l'Afrique. Celle qui existe entre la ville et la campagne. En intégrant les différentes régions d'un pays dans un flux d'échanges et de communications ininterrompu, on donne une chance égale à tous les citoyens quelle que soit leur localité, on favorise l'auto-gouvernance locale, l'association des ruraux aux problèmes de la nation. À l'échelle africaine, il existe des écarts de développement entre pays. La grande équation de l'intégration régionale que l'on n'a toujours pas amorcée devra pouvoir trouver ici une solution satisfaisante.

Vue sous cet angle, la révolution numérique, encore une fois, est une chance pour l'Afrique, une chance pour le Sénégal. Mais soyons réalistes : cette révolution ne peut pas se produire sans un accès facile ou facilité à l'instrument informatique. C'est la raison pour laquelle joignant l'acte à la parole, nous nous sommes rendu en Corée pour développer avec la prestigieuse firme Samsung ce que nous avons appelé l'ordinateur à 100 000 francs, l'ordinateur Campus, que nous avons mis sur le marché. Le premier a été le Campus 150. Après des aménagements et des améliorations, nous avons par la suite fait développer le Campus 200.

Mais nous essayons de faire mieux. Nous avons négocié avec les banques des crédits à très faible taux d'intérêt (environ 7%) pour que les parents d'élèves puissent avoir des ordinateurs en payant des mensualités qui ne vont pas au-delà de 10 000 francs CFA. Il faut maintenant que les universités puissent négocier avec le Gouvernement pour que les connexions soient gratuites dans leurs campus. Ce n'est pas un rêve. Je suis persuadé que la FONDATION SONATEL pourrait aider à concrétiser ce souhait.

C'est le lieu de nous réjouir de ce qu'un chef d'État africain, le Président Idriss Déby Itno du Tchad, pour ne pas le nommer, n'a pas hésité une seconde à nous demander de l'accompagner dans son programme « Un étudiant tchadien, un ordinateur ». Un premier lot de 6 000 ordinateurs Campus 200 a été distribué gracieusement aux étudiants et d'autres lots sont en préparation. Ici également, nous allons mettre en place le programme de e-learning dont nous avons déjà parlé ; et avant la publication de ce livre les étudiants tchadiens pourront suivre gratuitement les cours dispensés depuis des universités à travers le monde dont, par exemple, ceux du prestigieux MIT (Massachussetts Institute of Technology) aux États-Unis.

Les TIC réussissent une synergie qui a toujours posé un problème à la pédagogie : peut-on apprendre en se divertissant ?

Cela est tout à fait concevable en ce qui concerne le Sénégal. Certes, les foyers des jeunes ont toujours été décriés par les parents parce qu'ils étaient considérés comme des lieux exclusivement de divertissement et de perdition. Le livre électronique, les sites spécialisés en histoire, en maths, en français, en philosophie, en littérature, en physique et chimie, etc. véhiculent le savoir avec gratuitement à une rapidité exceptionnelle.

Au lieu que l'étudiant ou l'élève aille à la recherche du savoir, c'est celui-ci qui se présente à lui par un simple clic : nous sommes à l'époque de la transparence absolue. L'ésotérique, le mystérieux et l'obscurantisme n'ont plus droit de cité aujourd'hui, car toutes les informations sont disponibles.

Dans un univers pareil, l'ignorance n'a plus d'autres justifications que la paresse et le refus de s'instruire : elle peut dès lors être considérée comme un crime. Notre siècle est en cela plus humaniste que toutes les autres époques. On a dit que l'une des raisons de la régression culturelle et scientifique est relative au fait que le savoir a toujours été jalousement gardé par quelques individus.

On peut dès lors se réjouir de constater que cette domestication du savoir au profit d'une minorité n'est plus possible. Le savoir est présentement démocratisé et dans la mesure où il est le moteur du progrès, les disparités économiques entre zones devraient progressivement disparaître. Pour répondre plus précisément à votre question, oui on peut aujourd'hui apprendre en se divertissant. Il faut d'ailleurs développer le concept pour amener les jeunes à considérer l'éducation comme une sorte de divertissement. Je dis souvent, concernant mon boulot, qu'en fait quand je fais l'architecture, dans ma tête « je me fais plaisir ». C'est fondamental pour la création et la créativité, oui, trouver des systèmes d'éducation par le divertissement. Quel beau défi !

Les jeux par exemple, sur l'Internet, ne demeurent-ils pas un danger ?

Le miracle réalisé par les TIC est d'avoir réussi à transformer l'acquisition du savoir en une espèce de jeux. Il y en a dans les ordinateurs, sur Internet, mais il faut au moins certaines notions en informatique pour y accéder. Il suffit d'ouvrir les réseaux sociaux pour percevoir l'étendue des connaissances qui circulent à travers des réseaux comme Facebook et Twitter : des citations d'auteurs de tous les temps, des sagesses philosophiques, des bibliothèques en ligne, des cours et des méthodologies en ligne, etc. Les blogs, les forums de discussions, sont devenus aujourd'hui les moyens de dispenser des cours particuliers. Dans certains réseaux sociaux, il n'est pas rare de voir quelqu'un venir exposer ses difficultés pédagogiques et être gratuitement secouru par un internaute qui ne le connaît même pas.

Vous n'avez pas tort d'émettre des craintes, celles par exemple de voir les enfants détournés de l'essentiel par le divertissement. Reconnaissons néanmoins que d'une façon générale, les TIC ont plus d'avantages que d'inconvénients.

L'effort que fait un élève blogueur pour assurer le design de son blog par des citations, des textes, des poèmes ou des formules esthétiques est déjà une acquisition positive. C'est dire que la cyberculture est au service de la curiosité et de la recherche continue. Les adultes ne s'en rendent pas toujours compte, mais à côté des dérives qu'ils imputent à l'accès aux TIC il y a un esprit d'émulation extraordinairement entretenu dans les réseaux sociaux et dans les blogs. Les jeunes rivalisent en culture littéraire, philosophique et même scientifique, en cherchant toujours quelques informations à partager sur le net. Bref, il y a la naissance d'une « cybercitoyenneté » par laquelle l'ouverture et le partage décloisonnent tout et valorisent tout.

Il faut cependant redoubler de vigilance et éduquer, pour ainsi dire, les jeunes à l'usage « utile » des nouvelles technologies de l'information. Je suis parfois scandalisé de voir l'usage que font certaines personnes du net ou des réseaux sociaux. Cette utilisation négative doit céder la place à une utilisation positive pour l'éducation et la culture.

La mise en place des infrastructures numériques créera non seulement des emplois et des richesses, mais elle déblayera le terrain à un développement fulgurant et multiforme des services qui naissent généralement de façon spontanée.

Vous voulez parler des nouveaux métiers qui voient le jour à la suite de l'Internet ?

Tout à fait. Les domaines du numérique et de l'Internet n'ont pas de limites. De nouveaux métiers naissent constamment et il suffit de donner libre cours à sa créativité pour s'insérer dans ce tissu économique à la fois virtuel et réel.

Combien de produits périssables sont perdus dans certaines localités du pays faute d'acheteurs ? Qui peut mesurer la plus-value que les cybercases auront lorsque ce problème sera résolu par une vulgarisation de l'outil informatique et de l'Internet ? On parle toujours de politique de responsabilisation des acteurs du monde rural. Nous pensons que l'e-agriculture est le meilleur moyen d'y parvenir. La présence sur le net ouvre toujours un univers dont les potentialités sont insondables, car il y a toujours quelque part quelque chose à prendre, à vendre ou à apprendre.

Dès que la cyberculture sera installée dans les zones rurales, on verra des producteurs nouer des contacts avec des partenaires d'autres horizons. On verra des producteurs s'investir dans un domaine ou dans un secteur agricole uniquement parce qu'ils ont été instruits sur l'existence d'une demande forte dans le pays ou à l'étranger. Bref, le rêve de Senghor d'une humanité bâtissant une civilisation sous le modèle d'un « rendez-vous du donner et du recevoir » n'a jamais été aussi proche de la réalité historique.

Avez-vous pensé aux coûts, et à d'autres utilisations qui aient des formulations plus ludiques ?

Les TIC devraient justement permettre de renforcer le système éducatif par une diffusion continue du savoir et à moindre coût. Le matériel didactique encombrant et cher, la logistique qui est destinée à son acheminement et à son entretien, le personnel toujours insuffisant, sont autant de fardeaux dont sera progressivement déchargé le système éducatif par le biais des TIC.

Pour parler des applications ludiques, les loisirs ne sont pas oubliés dans le concept même de cybercases : les populations de Popenguine s'en rendront vite compte, elles qui ont vu s'ériger la première cybercase dans leur localité. En plus de la scène où les jeunes pourront se produire (théâtre, musique, etc.), l'écran géant leur permettra de suivre comme s'ils y étaient les matchs des coupes et des championnats locaux et étrangers.

Mais l'apport révolutionnaire des cybercases sera dans l'éducation, comme j'ai eu à le dire récemment lors du sommet du WISE organisé à Doha, au Qatar. La cybercase va nous permettre de mettre l'éducation au service de tous. En effet, un premier partenariat avec la société indienne NIIT nous a permis, à travers un programme spécial, de réaliser l'éducation de plus de 500 élèves et étudiants par cybercase et par semestre, soit 1000 par an. L'expérience réalisée avec la cybercase de Popenguine ces derniers mois en mode test nous permet de confirmer ces hypothèses.

En plus de ces programmes éducatifs, la santé aura une part prépondérante dans ce projet. Un environnement sain pour un corps sain dans une âme saine. La facture supportée par l'État dans le domaine de l'éducation sera, sous certains aspects, réduite : une introduction plus massive des nouveaux outils pédagogiques offerts par les TIC rendra de plus en plus caduques certaines dépenses.

Les échanges pédagogiques que les enseignants du milieu rural entretiendront désormais avec leurs collègues des villes ou d'autres pays par le biais de l'Internet vont booster considérablement leurs capacités pédagogiques.

Sur le plan politique, le maillage du territoire en cybercases rapproche davantage le pouvoir central des populations locales. Le jour où n'importe quel citoyen, quelle que soit la localité où il se trouve pourra, par un simple clic de la souris, accéder à l'information gouvernementale, voire acquérir un document administratif sans quitter son terroir, la citoyenneté universelle et la participation citoyenne deviendront des réalités. Plus la connaissance des affaires publiques par les citoyens se consolide, plus la démocratie cesse d'être celle des lettrés pour devenir populaire. Les populations rurales ont longtemps été des appendices, voire des instruments politiques pour des élites résidant la plupart du temps dans les grandes villes. Par obscurantisme politique, par mystification et par des pratiques manipulatoires, elles ont toujours utilisé les masses rurales pour assouvir des ambitions personnelles ou pour se maintenir au pouvoir.

Vous mentionnez ici la dimension « libération des populations » grâce à l'Internet !

Absolument. L'un des instruments les plus performants de libération des populations rurales de cette tradition politique est assurément l'Internet. En offrant l'écriture, l'image et le téléphone de façon combinée aux populations rurales, les cybercases vont réduire considérablement le long parcours qu'elles auraient dû faire.

Au regard de toutes ces considérations, on peut penser légitimement que le projet des cybercases reste une exigence à la fois économique, politique et morale.

Exigence économique, ce projet l'est, car c'est la seule alternative qui s'offre au pays pour accélérer son intégration totale : le rythme de construction d'infrastructures routières et ferroviaires ne suffira pas pour résorber le gap qui nous sépare des autres pays. Exigence politique, le projet des cybercases l'est également, car la démocratisation du savoir et de l'information reste la condition *sine qua non* de la démocratisation totale de la société. On ne peut pas parler de démocratie dans une société où le savoir et l'information sont confisqués par des élites qui n'aspirent qu'à la perpétuation de leurs propres privilèges aux dépens des populations.

Exigence morale enfin, les cybercases le sont, parce que le principe de l'égalité des chances entre citoyens ne pourra être satisfait tant qu'une partie du pays jouit de privilèges et de moyens de citoyenneté dont est exclue l'autre partie.

Le Sénégal est donc sur le point d'amorcer une révolution qui pourra, dans les prochaines décennies, surprendre tant par son ampleur que par sa profondeur. Nous sommes tous concernés, il nous appartient à présent d'en faire notre affaire.

N'y a-t-il pas lieu de maîtriser et de canaliser cette révolution en la préparant méthodiquement ? Ne pourrait-on pas envisager des « États généraux de l'Éducation » ?

L'urgence de telles assises n'est plus à démontrer. Les premiers États généraux s'étaient réunis en 1981. Il y a donc 31 ans. Même si elles avaient été appliquées, les résolutions sorties de cette rencontre ne nous seraient pas d'une grande utilité aujourd'hui. À l'époque, une transition systémique s'imposait. Le modèle d'éducation hérité de la colonisation n'avait plus sa raison d'être. Il fallait un modèle éducatif qui tienne compte de nos spécificités, mais surtout qu'il soit démocratique et populaire. Il y a eu des résolutions qui n'ont malheureusement pas été mises en œuvre, et comme souvent dans pareil cas, on a accusé le manque de volonté politique et de ressources financières.

Il n'empêche que le Sénégal se situe parmi les pays, rares il faut le souligner, qui consacrent beaucoup d'argent à l'éducation de sa jeunesse.

C'est vrai, les chiffres parlent d'eux-mêmes. On nous dit que 40% du budget de l'État vont à l'Éducation chaque année. C'est vrai aussi qu'en pourcentage du PIB, nous avons atteint un niveau qui devrait permettre ce qu'il est convenu d'appeler la « scolarisation universelle ». Nous sommes en moyenne à un taux de 6%, contre la moitié, et même moins, dans la plupart des pays africains. Mais vous le constatez vous-même, rien ne semble aller. Les enseignants sont tout le temps en grève. Ils réclament toujours de meilleures conditions de vie, même si certains salaires ont été multipliés par trois en moins d'une décennie.

Il faut donc enseigner autrement, pour que leur travail soit plus productif, en organisant les états généraux de l'Éducation. L'occasion nous sera ainsi donnée d'oser concevoir l'Éducation autrement, en mettant notamment les nouvelles technologies de l'information au centre du débat.

Je donne souvent l'exemple de ma fille Cynthia. Après avoir obtenu son Bachelor à l'American University de Washington, elle a décidé de faire son Master à la maison à Dakar. Deux ans après, elle a obtenu son diplôme et s'est rendue au « commencement » avec ses amis restés sur place aux États-Unis. Et c'est sur concours qu'elle a obtenu son emploi chez Dassault Aviation !

Son cas est loin d'être isolé. En Inde, par exemple, beaucoup d'institutions ne font que ça. Et nous, nous attendons quoi ?

Vous vous intéressez au rôle déterminant de la langue comme acte politique de premier plan dans le destin des peuples.

Dans la galaxie des cultures qui se complètent ou qui s'affrontent sur l'échiquier mondial, la langue joue un rôle déterminant. Autant elle peut décloisonner un pays et une culture, autant elle peut les cloisonner dans des ghettos où ne peuvent prospérer ni une culture dynamique ni une économie compétitive, encore moins des connaissances universelles. Oui, le choix de la langue dans l'éducation des citoyens, dans la gestion des administrés et dans la recherche d'une place honorable dans le monde est dès lors un acte politique majeur.

Aussi est-il urgent de poser la question des gains à la fois culturels, intellectuels, politiques et économiques qu'une revalorisation de la langue anglaise pourrait nous apporter.

Aujourd'hui au Sénégal, la langue française est la langue officielle, elle est celle de l'Administration, c'est aussi celle qui permet l'acquisition des savoirs académiques.

C'est tout à fait vrai. C'est un héritage culturel que nous ne pouvons renier, mais le monde évolue. Il importe donc que nous soyons attentifs à ses battements pour ne pas rester en arrière-plan. La décolonisation de l'Afrique, la décolonisation du Sénégal, est aussi tributaire de notre capacité à nous insérer dans l'environnement globalisé de notre monde. Il n'y a peut-être que des extraterrestres qui vous diront de ne pas vous intéresser à l'anglais.

Une « décolonisation » au niveau de la langue n'aurait-elle pas comporté de graves risques aux conséquences imprévisibles dans un pays déjà traumatisé par une histoire compliquée ?

Les pères des indépendances ainsi que les premiers chefs d'État et de gouvernement n'ont pas eu tort de conserver la langue qui a facilité la communication et les échanges entre nos États, c'est-à-dire l'intégration.

C'était non seulement cohérent, mais c'était aussi et surtout raisonnable. Nos pays n'avaient à l'époque, dans aucune de nos langues nationales, une infrastructure culturelle et intellectuelle suffisamment élaborée pour prendre en charge les urgences du moment : un système éducatif longtemps contrôlé par l'Administration coloniale, des contenus pédagogiques exclusivement pensés et définis dans la langue française et une Administration entièrement moulée sous le modèle français.

Vous dites donc qu'on n'avait pas le choix !

Voyez-vous, la langue française s'imposait de fait pour construire un État, fonder une École aux orientations humanistes manifestes et façonner des citoyens capables de prendre part aux affaires du monde moderne. Cependant, plus de cinquante ans après les indépendances, qu'est-ce qui a été fait comme bilan sur l'usage de la langue française ? Même si le retour aux langues nationales n'est jusqu'à présent que difficilement envisageable, n'est-il pas opportun aujourd'hui de nous ouvrir davantage à d'autres univers linguistiques, culturels et scientifiques ?

Le choix d'une langue n'est jamais fortuit, c'est à la fois un acte idéologique et un acte intellectuel aux implications toujours complexes. Une culture est toujours véhiculée à travers une langue, et toute culture véritablement dynamique s'exprime par le biais d'une langue à travers laquelle se reconnaissent les membres d'une communauté qui s'en servent en même temps comme moyen d'échange et de communication. La structure d'une langue est toujours révélatrice du génie du peuple qui la parle : les langues sont, sous ce rapport, des conceptions d'ensemble du monde. Elles reflètent le réel en même temps qu'elles le structurent et le signifient.

Reconnaissez-vous néanmoins que la langue française a été d'un apport considérable dans l'évolution de nos sociétés ?

Il faudrait être de mauvaise foi pour ne pas le reconnaître eu égard au patrimoine littéraire, scientifique, politique et culturel que notre pays a constitué par le biais de la langue française depuis le début de la présence française au Sénégal. Mais la structure actuelle du monde n'autorise plus l'enfermement systématique dans des schémas unilatéraux et unidimensionnels. La mondialisation et la globalisation exigent de chaque peuple une ouverture et une disposition à entrer dans le cycle d'une histoire relationnelle que rien ne peut plus arrêter.

Or la langue anglaise a fini par s'imposer non seulement dans le domaine de la recherche scientifique et de l'innovation technologique, mais aussi dans celui de la gouvernance politique et économique mondiale. Les scientifiques sénégalais qui participent aux différentes rencontres dans le monde sont obligés de parfaire leur « parler anglais » ou simplement de réapprendre cette langue s'ils ne veulent pas rater le train de l'Histoire et de la connaissance. Après des connaissances et des diplômes accumulés dans leurs domaines, ils sont toujours contraints de se recycler pour avoir accès aux dernières inventions ou progrès.

Il faut par conséquent reconnaître que tous les indicateurs militent en faveur d'une revalorisation de l'anglais dans le système éducatif sénégalais : il est non seulement la langue la plus parlée dans le monde des affaires, mais il concentre l'essentiel du patrimoine scientifique et technologique de l'humanité.

L'Internet ne permet-il pas de résoudre en partie ce handicap dans la mesure où toutes les grandes langues de communication internationale, dont le français, y sont représentées et que les systèmes de traductions instantanées ont connu des avancées notables ces dernières décennies ?

La cyberculture est, sous ce rapport, la meilleure illustration de la place fondamentale qu'occupe l'anglais dans la production et dans la distribution du savoir et de la culture. Les logiciels de traduction ne remplaceront jamais la connaissance directe d'une langue. Au cours des grandes réunions internationales, on a souvent vu les officiels sénégalais être prisonniers des aléas et des caprices des traducteurs, bien des fois si épuisés par leur journée de travail que leur prestation est parfois de qualité médiocre. La primauté de la langue française est un fait, mais les Sénégalais ne devraient pas s'aliéner les atouts certains que la langue anglaise pourrait leur apporter, et ce, dans tous les domaines.

Nous sommes dans la civilisation de l'information, de la communication et de la consommation, or dans tous ces trois secteurs c'est la langue anglaise qui sert de locomotive au rythme de la société. Même la culture individuelle des citoyens d'un monde aussi globalisé que le nôtre passe aujourd'hui par la maîtrise de l'anglais. La maîtrise du langage est un des éléments constitutifs de la culture de l'individu : la culture individuelle renvoie à un ensemble de connaissances que l'individu possède sur le monde – c'est ce que l'on désigne sous le terme générique de culture générale –, or c'est par le langage et les langues que ces connaissances s'amplifient. Vous remarquerez d'ailleurs que les jeunes Sénégalais qui sont diplômés de pays anglophones trouvent plus facilement un boulot que les autres.

Pensez-vous que le délai prévu par les autorités politiques sénégalaises pour arriver à l'émergence, c'est-à-dire en 2025, soit suffisant pour amener tout un pays à parler une langue étrangère ?

Les spécialistes du langage vous diront que c'est très largement suffisant pour la génération d'enfants qui naîtraient aujourd'hui. Pour les adultes, les méthodes d'apprentissage sont suffisamment perfectionnées pour leur permettre, dans ce même délai, d'avoir une maîtrise suffisante de la langue anglaise. Je voudrais vous rappeler qu'un élève, qui va poursuivre ses études dans un pays autre que francophone, ne dispose que d'une année pour étudier la langue, même celle qui n'a pas de racine latine ou dont l'alphabet est différent de celui qu'ont en commun le français et l'anglais. Une fois de plus, l'anglais est le limon fertile de la civilisation actuelle. Plus nous nous emploierons à le maîtriser, plus nous élargirons notre univers.

À l'inverse, se fermer à la langue anglaise et, par ricochet, à la culture qu'elle véhicule, c'est rétrécir son univers. Bref, pour utiliser un langage de l'astrophysique moderne, plus on élargit ses choix linguistiques, davantage on s'extirpe des limites trop étroites d'un seul univers pour entrer dans l'espace ouvert et généreux d'un multi-univers. Notre pays gagnerait donc à donner plus de temps et de crédit à la langue anglaise dans son système éducatif.

À quel niveau d'étude cet enseignement devrait-il se trouver dans le programme scolaire ?

Initier les élèves de l'école primaire à la langue anglaise n'est ni absurde ni impossible : s'ils apprennent l'arabe déjà à ce niveau, ils doivent être capables d'assimiler certains rudiments de l'anglais. Cela ne suggère pas que l'anglais est plus facile que l'arabe. Cela veut simplement dire que les caractères latins de l'anglais s'accommodent plus aisément au français que les caractères arabes moins familiers à ce stade de l'apprentissage scolaire. Le relèvement substantiel du coefficient de l'anglais dans le secondaire devrait aussi contribuer à renforcer son poids dans le système éducatif et, par ricochet, à inculquer aux jeunes citoyens Sénégalais une ouverture d'esprit plus orientée sur la modernité. Et puis tout le monde le sait : les Sénégalais ont une capacité hors du commun pour les langues.

Verriez-vous d'un bon œil que cette proposition s'étende sur l'ensemble des pays non anglophones d'Afrique ?

Je vois personnellement l'anglais comme le futur ciment des États-Unis d'Afrique. La communication est à la base de notre humanité. Elle permet d'échanger les idées et les valeurs. C'est dans ce sens qu'Aristote définit l'homme comme « un animal parlant », c'est-à-dire un « animal » capable d'articuler, porteur d'idées et de valeurs qu'il peut transmettre aux autres. L'homme est un animal parlant parce qu'il est « par nature un animal politique », c'est-à-dire que sa sociabilité est naturelle, car c'est seulement en société qu'il se réalise en tant qu'homme.

La communication permet de réduire les distances et les différences. Elle permet aussi de mieux régler les différends. Les mots ne sont pas toujours simplement des mots : ils sont parfois des performances, des actes. L'usage de l'anglais comme deuxième langue nous permettra surtout de réaliser une meilleure intégration avec la Gambie et réaliser ainsi plus facilement notre rêve d'une fédération avec la Gambie et bien sûr demain avec la Guinée-Bissau.

On a toujours dit que l'un des avantages incommensurables du français dans le contexte africain, caractérisé par une atomisation de la société en plusieurs ethnies et langues locales, était sa capacité à fédérer.

Si cela est vrai, on doit se demander ce qu'il serait aujourd'hui si, très tôt, on avait institué l'anglais comme seconde langue officielle du pays. Les grands pays africains sont anglophones. Au sein de la CEDEAO, parmi les poids lourds, nous comptons le Nigeria et le Ghana, deux pays anglophones.

Au regard de ce caractère multidimensionnel du langage, notre pays qui a toujours été à l'avant-garde du panafricanisme et des États-Unis d'Afrique doit s'employer à davantage enraciner la langue anglaise dans les mœurs scolaires, administratives et même politiques pour que les frontières qui séparent les pays africains francophones et anglophones se réduisent toujours davantage.

Les préjugés et les clichés naissent souvent d'un déficit de communication et ce sont les principaux écueils sur lesquels butent tous les efforts d'une intégration véritable du continent. Puisque chaque langue véhicule une vision du monde, une culture politique et des savoirs divers, le multilinguisme est désormais indispensable à toute forme d'intégration.

Il arrive souvent, au niveau des institutions sous-régionales et régionales, que des divergences politiques naissent d'une incompréhension qui aurait pu être évitée si tous les anglophones comprenaient français et que les francophones parlaient anglais. D'ailleurs, les langues nous apprennent paradoxalement jusqu'où le métissage est vital dans le destin de l'Humanité. En effet, les langues les plus répandues sont celles qui sont les plus ouvertes, c'est-à-dire celles métissées à travers les emprunts linguistiques.

Par le métissage linguistique, les langues s'enrichissent mutuellement. Inversement, celles qui se veulent pures et puristes sont caduques : le latin et le grec ne sont plus des langues vivantes. D'une part parce qu'ils sont trop orthodoxes, élitistes, et, d'autre part, parce que les cultures auxquelles elles étaient consubstantiellement liées sont mortes.

La leçon qu'il faut en tirer est qu'une langue qui refuse le métissage est moins compétitive et que toute culture qui ne s'exprime pas dans une langue parlée et/ou écrite est condamnée à disparaître : parler, c'est aussi une façon de penser et d'être.

Il faut, sur ce point, rappeler que l'anglais fait partie des langues les moins élitistes et par conséquent les plus populaires au monde. Les contraintes syntaxiques et grammaticales sont moins sévères en anglais que dans les autres langues. Pour la petite histoire, quand je m'en suis ouvert à notre ami l'ancien Président Obasanjo, nous avons fait le pari que si j'arrivais à faire adopter l'idée aux Sénégalais, il en ferait de même pour le français chez les Nigérians. Je lui ai répondu que j'étais sûr que ma tâche sera dix fois plus facile que la sienne !

Cette caractéristique que vous venez de mentionner si justement est-elle source ou non d'efficacité de la langue en terme de production d'idées ?

L'anglais est considéré comme une langue pragmatique et efficace. On sait qu'aujourd'hui « la noosphère » ou la sphère des idées, et la « technosphère » ou la sphère de la technique sont après la biosphère, les forces qui agissent le plus sur l'homme. Or, la configuration du monde est telle que c'est l'anglais qui modèle ces sphères : la télévision, l'Internet, l'ordinateur, le téléphone portable, etc. sont investis du pouvoir de la langue anglaise. Un jeune qui évolue dans un tel univers est donc handicapé s'il ne maîtrise pas les rudiments essentiels de cette langue qui, quoi qu'on dise, fait la science et mène le monde.

Pourtant, la plupart des intellectuels africains plaident davantage pour une ou quelques langues africaines qu'il faudrait promouvoir au plan continental. Quel est votre avis là-dessus ?

Dans la mesure où nos langues nationales n'ont pas encore la présence et la prestance internationales requises, il nous faut impérativement investir sans complexe la piste d'une valorisation de l'anglais à la fois comme deuxième langue officielle du Sénégal et comme moteur de l'intégration économique et politique du continent africain.

Les peuples occupent la scène internationale en fonction de leur aptitude à naviguer dans des univers culturels et intellectuels variés. Or le constat montre qu'une telle aptitude est facile à adopter lorsqu'on maîtrise la langue d'échange international qui se trouve également être la langue des sciences et des nouvelles technologies de l'information et de la communication.

Le réalisme politique et le panafricanisme inclinent aujourd'hui à donner une place plus importante à l'anglais aussi bien dans l'Éducation que dans la production audiovisuelle de notre pays. Inciter les médias à créer des magazines qui promeuvent la langue anglaise et la culture qu'elle véhicule serait assurément une option résolue à donner à notre jeunesse plus d'opportunités dans ce monde plus que jamais dominé par la compétitivité. Je me réjouis d'ailleurs de ce que la Radiodiffusion Télévision Sénégalaise (RTS) ait une très bonne émission en anglais au titre évocateur : « *English lovers* ».

Et puis, et puis, j'ai un ami qui m'a posé une fois cette question : « Connaissez-vous un seul Africain francophone milliardaire en dollars ? » Non, mais anglophones, plusieurs ! À méditer.

L'ordre, la discipline, le patriotisme, le civisme sont des valeurs auxquelles vous êtes attaché et qui font partie, selon vous, des conditions de l'émergence.

C'est en effet lors d'un échange en Corée, avec des étudiants sénégalais que j'ai compris l'importance de la discipline dans le développement d'un pays. Lors de cet échange – j'en anime souvent lors de mes voyages à l'étranger –, j'ai posé la question suivante à mes jeunes compatriotes : « La Corée du Sud était en termes de développement derrière le Sénégal il y a 50 ans. Selon vous qu'est-ce qui s'est passé entre-temps ? En d'autres termes, comment expliquer les performances de nos amis coréens ? » Ils étaient tous unanimes : « la discipline, le travail, le patriotisme ». Le verdict est sans appel. C'est de là que m'est venue, il y a trois ans, l'idée qu'il faudrait instaurer au Sénégal le service militaire obligatoire, tourné spécialement vers la formation dans le domaine agricole par exemple ou dans les Travaux publics (maçons, charpentiers, etc.), mais d'abord asseoir dans les esprits et dans les cœurs « l'esprit patriotique ».

Dans beaucoup de pays industrialisés, le service militaire est obligatoire et cela n'a aucune incidence négative sur le niveau d'instruction de la jeunesse. Au contraire ! La durée du service militaire obligatoire est considérée comme étant généralement plus propice à l'éclosion de talents cachés. Beaucoup de jeunes sortent des chemins de l'école sans diplôme et sont, à tort ou à raison, considérés comme n'ayant pas les dispositions nécessaires pour faire des études poussées. Un homme inhibé perd une bonne partie de ses moyens intellectuels et il lui arrive d'avoir des aptitudes et des talents dont il n'est pas conscient ou qu'il ne peut pas exploiter à cause de l'inadaptation du milieu.

Un détour par la vie militaire vous semble donc pouvoir libérer l'énergie créatrice des jeunes et les rendre mieux aptes à s'assumer et à être de meilleurs acteurs du développement ?

Tout à fait. La vie militaire n'est certainement pas un antidote contre l'inhibition, mais le constat montre que les militaires sont généralement façonnés de sorte qu'il n'y a pas de place pour la timidité. Qu'en serait-il alors si tous les jeunes Sénégalais âgés de 18 ans étaient obligés de faire un an de service dans l'armée ? Outre le fait d'inculquer la discipline et le civisme, le service militaire contribue à éliminer ou à réduire chez l'individu les facteurs de blocage et d'inhibition.

Comment expliquez-vous le relâchement moral et civique d'une frange importante de la jeunesse depuis déjà quelques décennies ?

Je peux explorer une piste comme cela parmi d'autres. La suppression des internats dans les lycées et collèges a constitué une perturbation dans le système d'éducation de la jeunesse sénégalaise. Il y avait en effet des contraintes d'éducation, des vertus de sociabilité et de respect du bien public. Les Programmes d'Ajustement Structurel (encore la Banque mondiale) et les injonctions trop restrictives des bailleurs de fonds ont eu raison de la politique de l'internat dans notre système éducatif, mais son esprit permet de comprendre le sens et la portée du service militaire obligatoire dans un pays.

L'ordre, la discipline, la ponctualité, la rigueur, la tenue correcte que l'on exigeait des internes étaient de puissants leviers de formation et d'éducation à la citoyenneté et au civisme. Aujourd'hui que l'école sénégalaise a perdu de cet atout, le pays s'est du coup privé d'un instrument républicain discret, mais efficace. Voilà pourquoi notre pays gagnerait à tirer le maximum de profit de l'institutionnalisation du service militaire obligatoire. Il y a également que nous aurons là un superbe « Machin » pour caser et éduquer tous ces marchants ambulants.

L'argent que les bailleurs de fonds voulaient faire économiser à l'État sénégalais pourra-t-il être disponible aujourd'hui ?

La question des ressources nécessaires à une telle politique ne se pose pas, car les solutions déjà disponibles ailleurs sont transposables au Sénégal. L'enjeu est trop important pour notre pays pour s'attarder sur des questions d'argent qui ne constituent pas ici les contraintes majeures. Il faut démultiplier les écoles militaires comme le Prytanée de Saint-Louis, et créer de grandes écoles militaires en nombre dans notre pays.

Un pays est aussi respecté par la qualité et le nombre des instituts et des écoles militaires qu'il renferme. Il n'est pas normal que notre pays n'ait pas d'écoles militaires à l'image de sa démocratie et de sa diplomatie. Les grandes écoles militaires font paradoxalement partie des éléments qui contribuent à approfondir la démocratie. Il en est ainsi parce que non seulement elles inculquent aux citoyens des valeurs démocratiques, mais elles sont des lieux de formation des véritables auxiliaires de la démocratie : police, gendarmerie et autres corps de sécurité. Un officier de police ou de gendarmerie qui a fait une grande école est nanti de qualités et de valeurs qui faciliteront ses rapports parfois compliqués avec la société démocratique. Il y a quelquefois des comportements d'hommes de loi envers les politiques et les civils qui relèvent d'un défaut de formation et d'instruction.

Il s'agit là d'une nouvelle philosophie des valeurs. Mais en amont, il faudrait faire des études, trouver des sites, trouver de l'argent, même si vous dites que ce ne sera pas le plus difficile.

Le plus difficile, c'est toujours la décision politique. Pour toutes ces raisons, l'État sénégalais devrait travailler à investir cette piste par des études de faisabilité sérieuses et par un courage politique. Instruire et former les fils du pays est un devoir pour tout gouvernement, mais il peut le faire mieux en rationalisant davantage ses moyens et ses investissements. Pour la petite histoire, le seul tableau dans mon bureau est une œuvre de l'artiste Muamba qui montre un jeune « ambulant » désœuvré. La raison pour laquelle je garde cette peinture, c'est qu'elle me rappelle que tant que je n'aurai pas participé à trouver une solution aux interrogations qui se lisent dans le regard de cet adolescent, je n'aurai pas accompli une des raisons fondamentales de mon passage sur cette terre des Hommes.

C'est vrai, il y a beaucoup d'argent à mettre dans la mise en œuvre d'un tel projet, mais il y en a également beaucoup à économiser en trouvant un point entre l'école et l'armée. Nous avons besoin de la culture de la standardisation dans tous les domaines pour aller vite et bien, car l'écart qui nous sépare des pays du Nord ne saurait être résorbé par une progression ordinaire.

Nous nous plaignons du délaissement des filières scientifiques devenues les grands boulevards déserts de l'enseignement général dans notre pays. Et pendant ce temps, dans les pays industrialisés, on persévère dans la construction des complexes militaro-industriels, des écoles militaires de santé et même des écoles polytechniques militarisées.

Il y a assurément beaucoup d'étudiants et même d'élèves qui échouent par manque de moyens didactiques ou à cause de la promiscuité dans laquelle ils font leurs études. Tous ces élèves et étudiants laissés en rade par la dureté de la vie ne peuvent certes pas être accueillis par l'institutionnalisation du service militaire obligatoire, mais celui-ci contribuerait à coup sûr à réduire leur nombre.

Vous avez déjà une idée des sites qui accueilleraient ces académies militaires ?

Beaucoup de camps militaires ont déjà des sites qui peuvent abriter des locaux pour ces jeunes sans qu'ils soient coupés des chemins de l'école. Les écoles et les collèges de proximité ont considérablement diminué le taux de déperdition scolaire, et puis, et puis… discutons avec les écoles et autres institutions existantes qui pourraient dispenser des cours en second flux.

Justement, comment remédier au manque de moyens des familles pauvres ?

Dans un camp militaire, le repas est gratuit, le problème du loyer ne se pose pas, la tenue est fournie par l'armée et les jeunes recrues peuvent même avoir un pécule qui leur permette de subvenir à quelques petits besoins.

Les chemins qui mènent à l'échec scolaire sont parfois insoupçonnés quand on ne les arpente pas : les petits écueils qu'on a l'habitude de banaliser sont d'un impact parfois décisif dans le rendement scolaire de l'enfant. Il s'y ajoute que la société de consommation a considérablement empiété sur les franchises psychologiques et morales de l'école et de l'université : l'excellence est menacée par l'avoir.

Le service militaire obligatoire, dans l'esprit de service civique, que vous prônez, permettrait donc d'apporter à l'école traditionnelle le sens des valeurs qu'elle a perdu et résoudrait en même temps la problématique de l'excellence « menacée par l'avoir » ?

Le service militaire obligatoire doit en effet accompagner les efforts du Gouvernement dans les domaines de l'Éducation, de la Recherche et de la Formation. Un jeune est toujours un réservoir de forces ou de potentialités : tout dépend de son environnement et de l'éducation reçue. Des milliers d'élèves n'hésiteraient pas à s'engager dans l'armée qui leur dispense un enseignement général ou scientifique.

Vous donnez à l'armée une dimension qui semble avoir été occultée jusqu'à présent ?

Oui, il s'agit d'approfondir le concept « armée-nation » en faisant participer l'armée aux tâches de développement. C'est en cela qu'elle sera perçue par la jeunesse comme un patrimoine. Il n'y a véritablement armée-nation que lorsque cette armée est profondément affermie dans les différentes structures de la société. L'armée est déjà une école, un lieu de formation à la vie sociale et à la citoyenneté. Elle est aussi une instance de formation de la personnalité de l'individu.

Une armée de développement et de citoyenneté a besoin de ressources importantes et d'un personnel toujours disponible, et puis n'oublions pas que nous avons l'une des meilleures armées du monde. Je disais à mon jeune frère et ami, le Général Fall, ancien chef d'état-major, que tout le Sénégal et l'Afrique, pour ne pas dire le monde entier, étaient heureux de la « républicanité » de notre armée. Elle est restée zen pendant des moments difficiles et nous a épargné de quelques « capitaines sincères » !!! Suivez mon regard ! Mon Général et toute notre vaillante et patriotique armée, je vous dis « chapeau » !

Parlez-nous de l'expérience récente des « volontaires de l'agriculture » qui a vu l'implication de l'armée.

Je suis heureux que vous me posiez cette question. C'est sous la houlette du Colonel Moumar Guèye que cette expérience a été mise en œuvre. Son succès nous montre bien que l'implication des volontaires de l'agriculture peut être salutaire à notre économie rurale.

Avec peu de moyens, le cercle des volontaires a pu enrôler et former plus de trois mille jeunes. D'après les calculs que nous avons faits, un budget de 20 milliards de francs CFA pourrait suffire pour la formation de 20 000 jeunes. En y associant notre concept de Groupement d'Intérêt Agricole, l'emploi des jeunes connaîtrait un nouveau regain et contribuerait à la revitalisation de notre agriculture. En extrapolant, on pourrait imaginer que ce concept serait d'un appui considérable au programme d'autosuffisance alimentaire. Voilà pourquoi il me semble que le service militaire ou civique obligatoire est devenu pour notre pays un besoin impérieux. Mieux, cet investissement est plus qu'un pari sur l'avenir. C'est également et surtout un investissement rentable, car si vous envoyez cette « armée verte » dans le périmètre déjà irrigué de l'Anambé pour planter des palétuviers à huile, on devrait avoir un « retour sur investissement » en moins de 5 ans ! C'est donc également un bon business !

Le concept de « Volontaires de l'agriculture » peut-il être mis en parallèle avec celui de « Groupements d'Intérêt Agricole » ou GIA qui fait l'objet de vos réflexions ?

Dans ses grandes lignes, le GIA sur lequel j'ai beaucoup travaillé avec ma fille Diane, qui en maîtrise bien le concept, aura pour objectif de lutter contre le chômage et le manque de formation qualifiante des jeunes, d'endiguer l'exode rural et la pauvreté, de faire du service de défense un levier privilégié d'appui au développement économique et social, de mobiliser les jeunes dans la quête de l'autosuffisance alimentaire et de promouvoir l'emploi non salarié grâce à l'entreprenariat. Le concept est donc largement plus vaste que le programme destiné au développement agricole.

La production agricole sera complétée par des activités de transformation, tremplin de l'entreprenariat agricole avec une diversité de niches porteuses pour former un tissu agro-industriel, pilier d'un nouveau secteur agricole moderne et à forte valeur ajoutée ; c'est le domaine des agri-preneurs (entrepreneurs agricoles).

Grâce à la mise en place d'un domaine agricole, cadre d'application de la polyculture, qui favorise la culture de plusieurs variétés dans un même domaine d'exploitation ou dans une région naturelle, signe d'une agriculture intensive, les jeunes volontaires formés aux méthodes et techniques agricoles bénéficieront d'une période d'incubation de deux ans d'apprentissage agricole, durant laquelle plusieurs campagnes de productions maraîchères, vivrières et arboricoles s'exécuteront.

Au final, le volontaire pourra conduire un cycle de culture, maîtriser les indicateurs d'un compte d'exploitation d'une variété et s'il y a lieu procéder à la transformation des produits. Le domaine agricole formera des agriculteurs rompus aux tâches agricoles et favorisera l'autonomie des jeunes, signe d'une promotion socio-économique réussie.

Grâce au service national, les jeunes recrues ont pu embrasser le service militaire avec le succès attendu et des moyens conséquents, mais le service de défense n'a pas connu la même réussite, car la jeunesse est faiblement mobilisée dans les chantiers de développement.

C'est toute la pertinence de la mise en place d'un « contingent de développement de l'agriculture » composé de jeunes volontaires du domaine agricole.

Par cette stratégie, le service de défense retrouve toute son utilité à développer les potentialités de la jeunesse.

On pourra ainsi :

- lutter contre le chômage et le manque de formation qualifiante des jeunes,

- endiguer l'exode rural et la pauvreté,

- faire du service de défense un fort levier d'appui au développement économique et social,

- mobiliser les jeunes dans la quête de l'autosuffisance alimentaire,

- promouvoir l'emploi non salarié grâce à l'entreprenariat.

Et les résultats ne se feront pas attendre :

- améliorer les conditions de vie des jeunes par un emploi pérenne,

- conduire un cycle complet de culture,

- associer l'agriculture à l'industrie de transformation des produits.

Pour la formation on pourra retenir les modifications ci-après :

- formation civique et morale,

- cours sur les techniques agricoles et aménagements agraires,

- apprentissage de défilé militaire (ordre serré).

En effet, l'appel sous les drapeaux mobilise la jeunesse qui se destine à une carrière militaire. Cependant, le nombre de places est limité, d'où un fort taux de jeunes non recrutés mais de jeunes capables de contribuer au développement grâce au service de défense. Notre conviction est faite que le service militaire, entendu comme service civique national, est assurément un des leviers à actionner pour que notre pays renoue avec la croissance et s'inscrive de façon durable dans la voie du développement.

Si tous les lycées et collèges du Sénégal fonctionnaient sous le modèle et la rigueur disciplinaire du Prytanée militaire de Saint-Louis, la jeunesse sénégalaise serait certainement plus rodée aux rouages du civisme et du combat pour le développement.

Croyez-vous qu'il soit possible de mettre tous les lycées et collèges au régime de la discipline militaire ?

Je reconnais qu'il y a une dose d'utopie dans ce projet social, mais il a l'avantage de faire comprendre l'urgence et la pertinence du service civique national. Autrement dit, puisqu'on ne peut pas partout construire des écoles du genre Prytanée militaire, ni enrôler tous les jeunes dans les rangs de l'armée nationale, on peut au moins s'inspirer de leur modèle et de leur philosophie pour bâtir une jeunesse apte à relever le défi du développement et de l'unité nationale.

Il nous semble clair que c'est précisément une telle vision qui sous-tend l'institution du service civique national. La loi de 1998 instituant le service civique national a, en effet, tiré la conclusion que c'est seulement en accentuant le civisme et en accélérant l'opérationnalité de la jeunesse sur le terrain qu'on pourrait créer les conditions d'un sursaut psychologique indispensable au développement et à la souveraineté nationale.

Il faut que l'on comprenne que la défense de la nation n'est pas seulement militaire et qu'elle n'est donc pas à la charge exclusive de l'armée. Il faut alors qu'on intègre le concept de défense nationale à toutes les stratégies de développement, de sorte que les jeunes et les adultes aient la conscience claire de l'obligation qui leur incombe.

Le développement national doit désormais être pensé comme un devoir auquel doivent s'acquitter tous les Sénégalais. C'est pourquoi le GIA que nous proposons met la formation civique et morale au cœur de ses préoccupations.

L'État du Sénégal a donc intérêt à renforcer juridiquement, institutionnellement, moralement et surtout financièrement, le service civique national pour à la fois en faire un levier de développement et une structure de renforcement des capacités civiques et patriotiques des jeunes. L'exemple d'un pays comme la Jordanie mériterait d'être connu.

Un volet important de vos propositions concerne l'habitat. Vous vous préoccupez du lieu d'habitation du Sénégalais, de son environnement et de son confort de vie.

Je ne souhaite pas faire dans le nostalgique, mais force est de reconnaître que ceux qui ont mon âge et plus, peut-être un peu moins, se souviennent encore de cette belle capitale de l'AOF qu'était Dakar, surnommée à l'époque le « Petit Paris ». Je me souviens encore des promenades sur l'avenue William Ponty. Quel bonheur de flâner devant ces boutiques étincelantes et cette rue proprette où l'on promenait nos enfants dans les années soixante-dix !

Prenons donc concrètement le cas de Dakar que vous évoquez. Que faut-il faire ?

La ville de Dakar a une morphologie symptomatique du dérèglement qui caractérise l'économie sénégalaise et l'aménagement du territoire qui est censé l'accompagner. Dakar fait, en effet, partie de ces capitales qui donnent plutôt l'impression d'être de petites villes ceinturées par de gros villages. L'urbanisation incontrôlée a des origines et des causes diverses, mais ses conséquences restent les mêmes : paupérisation galopante, insécurité chronique, inégalités sociales de plus en plus tranchées, clochardisation de certaines franges de la population, cantinisation des rues, etc.

Il y a incontestablement une dysharmonie à la fois démographique, infrastructurelle, sociale et économique dans notre pays et plus manifestement encore à Dakar. Au lieu que l'espace soit domestiqué et contrôlé, c'est l'inverse qui s'est produit : à force d'occuper cet espace de façon spontanée et anarchique, il est devenu un fardeau, une pesanteur qui plombe tous les efforts de développement harmonisé.

Pour dénoncer l'anarchie qui règne aujourd'hui dans la ville de Dakar, j'avais organisé en 2008 une exposition. On a pu ainsi mettre à nu cette cacophonie urbaine digne de ce que j'ai appelé, en 1973, « *Cacopoulos* » dans ma thèse sur la ville idéale africaine.

Il suffit d'observer le cadre de vie et les infrastructures dans la banlieue dakaroise pour se rendre compte de l'étendue de l'aporie vers laquelle nous mène cette urbanisation déréglée. La promiscuité est dès lors le quotidien de ces jeunes désœuvrés et frustrés par la grande différence économique entre leur zone et le centre-ville.

Aucune politique d'aménagement courageuse fondée sur une option rationalisée du cadre de vie du citoyen n'a été jusqu'ici mise en œuvre. C'est le domaine qui a le plus souffert de ce qu'on appelle le pilotage à vue et l'absence de courage de nos hommes politiques.

Comment expliquez-vous cet état de fait ?

Durant des décennies on a laissé des populations venues du monde rural s'installer dans toutes les parcelles de terre disponibles sans le moindre aménagement. L'État n'a jamais voulu infléchir un phénomène qu'on savait pourtant susceptible de devenir un fléau dans l'avenir. Les plaies béantes que cette anarchie paysagère et urbaine a causées sont aujourd'hui presque incurables et menacent non seulement l'épanouissement de notre économie, mais aussi l'équilibre de notre société. Parce qu'on a délaissé un monde rural en proie à un funeste cycle de sécheresse et à un désœuvrement chronique de sa population, on ne pouvait pas faire preuve de rigueur face à l'occupation anarchique de l'espace dakarois. Autrement dit, parce qu'on n'a pas voulu mécontenter des ruraux accablés par la pauvreté et fuyant un monde rural infernal et sans aucun débouché, on a laissé les gens issus de l'exode se bousculer à Dakar et installer des kiosques partout.

Le surpeuplement que cette anarchie a engendré donne le triste spectacle qui s'offre à nous aujourd'hui. Il n'est pas maîtrisé, et c'est un handicap sévère pour la capitale. Tout le monde sait pourtant qu'en tant que presqu'île, Dakar n'est pas extensible à l'infini : il fallait dès le début appliquer une législation sévère qui puisse empêcher les gens de squatter les zones non aménagées par des habitations spontanées et par une institutionnalisation d'une économie de la débrouillardise et de l'informel tous azimuts. Parce qu'on n'a pas suffisamment légiféré, ou appliqué rigoureusement la législation existante, le rural s'est progressivement implanté en zone urbaine avec ses habitudes, ses réflexes et son mode de vie parfois complètement en déphasage avec les exigences de l'économie et de la vie citadines.

Ainsi donc, le monde rural s'est installé en ville sans pour autant s'intégrer à la ville.

Le mode de production rural qui est inapproprié à la vie en ville subsiste curieusement dans la banlieue dakaroise. Ce qui donne l'impression d'une superposition de deux sociétés avec des réalités différentes, voire opposées. On assiste à une inversion du sens de la circulation des biens et des personnes ou, pis, à une pitoyable stagnation économique.

Ainsi la banlieue étouffe par une surpopulation inexorablement galopante, mais aussi par l'impossibilité d'y faire éclore des activités économiques durables. On a essayé beaucoup de choses, on a tout expérimenté, mais les résultats escomptés ne peuvent et ne pourront jamais être atteints : sur une structure géographique et sociale aussi fragile et incohérente, on ne peut rien fonder qui soit viable et efficient. La structure économique et infrastructurelle est elle-même erronée ou nulle : comment veut-on alors implanter des projets économiques et sociaux viables et agissants ?

De même que le bel édifice s'affaisserait très vite s'il était dépourvu de fondement ou s'il était fondé sur du sable mouvant, toute ville dont l'accroissement ne respecte pas un plan directeur rationalisé est appelée à tomber dans l'impasse d'une urbanisation ratée dès les prémices. Si l'analogie du cœur humain pouvait être tolérée ici, on pourrait comparer la situation actuelle de Dakar à une arythmie cardiaque. Pire. Par manque de rigueur ou de politique cohérente d'urbanisme, ou les deux d'ailleurs, nous assistons à une espèce de systématisation de ce que j'appelle la « lèpre urbaine ».

Mais il y a pire. Vous avez remarqué que depuis une décennie – avec le retour d'une saison des pluies normale – la banlieue dakaroise est constamment inondée. L'État consacre chaque année des sommes astronomiques pour « enlever l'eau » et soulager des populations prisonnières de véritables lacs spontanés.

En vérité, ce ne sont pas des lacs spontanés. Ce sont les populations qui se sont installées dans des bas-fonds autrefois occupés par les eaux. À chaque fois que nous aurons une saison des pluies normale, ce qui me semble être le souhait de presque tous, le même problème reviendra. En faisant un calcul rapide, on aura dépensé des centaines de millions pour ne jamais régler le problème.

Ma proposition est de profiter de la réalisation de la ville nouvelle du Lac Rose pour ainsi déplacer ces populations. J'avais estimé à l'époque qu'en mettant en vente 1000 ha de terrains viabilisés au Lac Rose, l'État pouvait dégager environ 150 milliards de francs CFA et aider par là même les populations concernées à se recaser. Ce n'est pas de la théorie. Ce que j'affirme est scientifique, c'est-à-dire vérifiable.

On règlerait ainsi définitivement le problème des inondations, on raserait ensuite tout simplement ces zones d'eau pour y créer des lacs.

On ne peut pourtant pas dire que l'action publique soit absente. Comment expliquez-vous l'échec des différentes politiques mises en œuvre pour « soulager » les populations dakaroises ?

Une sorte d'obésité impressionnante s'est emparée de l'anatomie de notre capitale, de sorte que les artères qui devraient permettre de desservir les différentes parties de la ville et l'intérieur du pays sont bouchées. C'est ce qui donne l'impression que malgré les importants efforts fournis pour résoudre la crise dans cette banlieue, l'action des pouvoirs publics reste sans grand effet.

Une ville, c'est comme un arbre : quand celui-ci est bien taillé et entretenu, il est non seulement homogène, mais il n'entrera jamais dans le registre de la disproportion. La pauvreté qui est décriée par les uns, et occultée ou atténuée par les autres, reste ainsi une sorte de cancer sournois qui, tôt ou tard, portera atteinte au reste de la capitale et au pays tout entier.

Parlant de dysfonctionnement, je ne peux pas ne pas parler de la corniche souillée actuellement par des constructions anarchiques, œuvres de ceux que j'appelle les « voleurs de plages ». C'est le Président Senghor, je l'avoue, qui m'a le premier sensibilisé sur le respect du domaine public maritime qui doit appartenir à TOUS. Contrairement à certaines personnes, il n'est pas question de ne pas toucher au DPM, il est plutôt question d'en faire un aménagement concerté avec les autorités locales (les mairies) en y aménageant des espaces où il fera bon se promener avec des buvettes par-ci, des restaurants par-là, et tout ceci en respectant un principe simple mais fondamental : la vue de la mer à partir de la route.

Pour que ce principe soit respecté, nous allons, pour donner l'exemple, rédiger une pétition pour demander purement et simplement la démolition, je dis bien la démolition d'un hôtel situé sur la route de l'aéroport dont les promoteurs auraient fait du faux pour obtenir des autorisations de construire et priver les jeunes de Yoff de leur plage. Dans la même pétition, nous allons demander la restitution de la plage de Fann qui a été « privatisée » par un autre hôtel de la place. Un scandale !

Avis donc aux personnes et institutions concernées ! On peut donc comprendre pourquoi vous menez votre croisade pour la création d'une ville nouvelle, d'une nouvelle capitale.

Dakar concentre la quasi-totalité du tissu industriel du pays, la totalité des institutions politiques et les plus grands centres commerciaux. Les biens et services n'existent pratiquement pas à l'intérieur du pays et même la vie culturelle semble avoir exclusivement élu domicile à Dakar. La conséquence d'une telle disproportion dans l'allocation des ressources du pays et dans la production des richesses est qu'on assiste à l'émergence d'un nouveau type de citoyen.

Lequel ?

C'est un type de citoyen nouveau qui se sent exclu du système et est extrêmement frustré. Il est hostile à toute forme d'adhésion aux différentes initiatives prises dans le sens d'une résolution des problèmes. Des sites pour créer des écoles, des instituts de formation et des universités ne sont généralement pas disponibles à cause de l'enclavement de certaines zones. Et même lorsqu'il y en a, les moyens ne suivent pas. Les pouvoirs publics ne peuvent pas continuer à ignorer les besoins du monde rural. C'est ce qui explique une sorte d'asthénie du Gouvernement en termes de règlement du problème des inondations et de la problématique de l'emploi des jeunes.

Notre capitale est alors fatalement obligée d'offrir ce spectacle désolant d'une ville de misère et de mendicité industrielles. Le comble de cette anarchie est atteint avec la création de quartiers où règne un « *no man's land* » juridique. Assurer la sécurité ou assainir ces lieux est devenu un véritable casse-tête pour les autorités gouvernementales.

Donnez-nous des exemples concrets pour mieux illustrer votre propos.

Un quartier comme Khourou-Bouki est un pied de nez à l'ordre public. Le non-droit y règne, l'insalubrité, l'insécurité et la déperdition scolaire qui y ont cours en sont des preuves accablantes. Il faut étudier l'histoire de villes comme Londres, New York, Washington, Pretoria, Marrakech, etc., pour comprendre qu'en ce qui concerne l'urbanisation démesurée de Dakar, on a mis la charrue avant les bœufs. En amont de l'installation de ces grandes villes, il y a toujours eu une révolution agricole et/ou industrielle ou une délocalisation administrative.

Pour le cas des villes sénégalaises, et principalement de Dakar, les gens se sont entassés dans des habitats de fortune. L'absence d'hygiène, le manque d'infrastructures scolaires et le banditisme sont dès lors les principales conséquences de l'urbanisation spontanée. Ne pouvant pas retenir les jeunes et les familles dans les villages par la création d'emplois et de richesses sur place, on les a laissés se débrouiller en ville comme ils le pouvaient. Le spectacle ainsi offert au monde est l'impression d'un peuple qui n'a de préoccupation que sa survie quotidienne ponctuelle et qui est incapable de planifier dans le temps et dans l'espace.

Quelles ont donc été les réponses des différents gouvernements face à ce diagnostic sans appel que vous dressez ?

Écoutez, la réalité est qu'on cherche plutôt à faire disparaître les symptômes sans jamais tenter sérieusement de couper le mal à sa racine. La situation hybride de Dakar est caractérisée par le fait qu'elle n'est ni une ville industrielle ni une zone agricole. Le problème crucial est de permettre à ces populations d'agriculteurs et de petits commerçants de s'adapter aux réalités de la ville.

Les petits métiers sont visibles partout, dans tous les coins et recoins de la ville. Dans l'attente de solutions pérennes, ne sont-ils pas en droit de se doter eux-mêmes des moyens de leur survie ?

Les petits métiers ont effectivement envahi la ville parce que celle-ci n'offre pas grand-chose à toute cette population qui vient s'entasser par milliers dans les moindres recoins et les faubourgs de la capitale de notre pays. C'est le cas, par exemple, du maraîchage et de l'horticulture.

Les ruraux qui viennent en ville ne sont pas absorbés par les secteurs modernes. En définitive, ce sont des laissés-pour-compte furieux de ne jamais être quelque part chez eux. Ils constituent aujourd'hui le fameux problème des marchants ambulants qui transforment les rues de la ville en boutiques en plein ciel. Nous assistons ainsi à une véritable « cantinisation » de la ville.

Je disais à un ami que le premier cliché dont il faut se débarrasser dans nos villes, c'est ce que j'appelle les signes extérieurs de pauvreté. Quand allons-nous interdire purement et simplement ces fameux étalages en bois que l'on dispose sur les trottoirs pour vendre tout et n'importe quoi et que l'on entasse pêle-mêle en fin de journée en attendant le jour suivant ? Ce sont ces étalages qui servent d'ailleurs de « munitions » durant les émeutes.

La création d'une ville nouvelle, au regard de toutes ces considérations, est-elle par conséquent le passage obligé ?

C'est la seule conclusion qui s'impose aux autorités sénégalaises. Voilà pourquoi je milite pour la création sans délai d'une nouvelle ville moderne comme capitale politique du Sénégal. Il faut un pacte national autour de la nécessité et de l'urgence d'une décongestion de Dakar par la création de cette ville nouvelle.

En définitive, votre choix porte sur le site du Lac Rose.

Oui. Il est infiniment plus malléable que la situation géophysique de Dakar. Son ouverture au reste du pays, disons aux quatre points cardinaux, donne l'assurance qu'il ne peut connaître le même sort que la ville de Dakar. En fait, si vous regardez bien cette dernière qui, comme chacun le sait, est une presqu'île, vous vous rendez vite compte que le seul axe d'extension est du côté de ce que nous appelons la Grande Côte ou Côte Nord. C'est là où se trouve le Lac Rose, célèbre à travers le monde à cause de l'arrivée jadis, du fameux rallye Paris-Dakar.

Nous avons donc le choix de laisser la ville de Dakar s'étendre à partir de Pikine et des Parcelles Assainies avec la même cacophonie, ou nous convenons de structurer l'extension à travers ce qu'il convient d'appeler « Les villes nouvelles du Lac Rose » qui iraient de Malika à Kayar.

Nous avons là une opportunité historique à ne pas rater : les travaux qu'exigeront ces villes nouvelles, les activités connexes qui vont y voir le jour, la valorisation foncière de toute la zone environnante, etc., seront de véritables leviers pour la croissance nationale.

Il est aisé de voir que le développement touristique dans la zone et le désengorgement de Dakar qu'une telle entreprise produira constitueront une plus-value dont la durée de vie et l'ampleur sont presque sans limites.

Et comme l'État envisage la construction de nouvelles universités, pour davantage désengorger l'UCAD, il va sans dire que le site du Lac Rose pourrait bien faire l'affaire. Les milliers d'étudiants venus de l'intérieur du pays qui se bousculent laborieusement dans les amphithéâtres de l'UCAD pourront ainsi être accueillis plus près de chez eux dans une université sur le site du Lac Rose.

De même, la construction de lycées et collèges facilitera la décongestion scolaire de Dakar grâce à ce que j'appelle la « Cité de la Connaissance », qui serait bâtie sur le site de construction de la nouvelle ville. Depuis quelques années, comme vous le savez, Dakar abrite une floraison d'écoles de formation, puisque l'Europe et l'Amérique ont considérablement réduit les inscriptions d'étudiants étrangers.

Ensuite, une « Cité de la Santé » ou *Health City* serait prévue, avec des structures hospitalières spécialisées qui seraient de nature à promouvoir le tourisme médical comme en Tunisie.

Dans le domaine culturel, un plateau serait édifié sur le site pour accueillir un *Film City* comme à Las Vegas ou Hollywood, un Parc des expositions africaines permanentes, en d'autres termes, une foire des produits d'Afrique. Tous les employés de l'Administration qui déménageront dans la nouvelle capitale s'y rendront avec leur famille.

Notre « Akon national » que j'ai été rencontrer à Atlanta était d'ailleurs prêt à nous suivre pour la réalisation de *Entertainment City*.

Le secteur des télécommunications et celui des services seront assurément les plus grands bénéficiaires de l'implantation de cette nouvelle capitale.

Au regard de toutes ces considérations, la question n'est plus de savoir s'il faut une nouvelle ville ou non, mais de nous demander ce que nous perdons par jour d'ici à ce que l'on en comprenne la nécessité.

En filigrane du concept de ville nouvelle et de désengorgement, n'y a-t-il pas également, par ricochet, l'autre concept auquel vous tenez tant, celui de la décentralisation ? Elle fait recette, non seulement en Afrique, mais partout dans le monde. Comment expliquez-vous ce phénomène ?

L'explication est assez simple : plus on va vers un monde plus démocratique et plus ouvert, plus on tend à desserrer l'étau de la centralisation du pouvoir. Si, par schématisation, on considère le fédéralisme comme une forme élevée de décentralisation, vous remarquerez que les grandes démocraties ont toutes opté pour la décentralisation. Les États-Unis, par exemple, sont une fédération d'États. En Afrique, c'est aussi le cas de l'Afrique du Sud ou du Nigeria. Je pourrais même me permettre de dire qu'un des signes extérieurs de pauvreté c'est la tendance à la centralisation.

En cette matière, on ne peut pourtant pas dire que le Sénégal fait partie des enfants pauvres de la décentralisation.

Non, pas du tout. Il peut d'ailleurs paraître présomptueux que je demande aux Sénégalais d'« oser » la décentralisation. Effectivement, en cette matière, nous n'avons pas beaucoup de leçons à recevoir. Notre expérience est vieille de plus d'un siècle et demi. Mais le bilan ne me satisfait pas. C'est d'ailleurs pour cela que je demande de « mieux » oser cette décentralisation. Décentraliser ne doit pas signifier recréer le pouvoir central au niveau local. L'apologie que l'on fait de la décentralisation ne doit pas nous éloigner des objectifs qu'elle vise, c'est-à-dire le développement.

Selon vous, la décentralisation est donc davantage une question économique qu'administrative.

L'organisation administrative n'est pas une fin en soi. On s'organise administrativement pour mieux servir, pour mieux penser et organiser le développement, et non pas pour mieux régenter les populations. Il ne fait pas de doute que l'Administration centrale n'a pas toujours vu d'un bon œil le fait de céder une partie de sa souveraineté, de son droit régalien, de son droit de regard.

L'argent n'est-il pas ici, l'enjeu majeur ?

Cela dépend dans quelle perspective on se place. Si c'est pour le « *people's empowerment* », comme diraient nos cousins anglophones, alors cela va dans le sens de notre vision. Il s'agit pour nous de mettre en valeur les atouts dont disposent nos régions, et d'en tirer le maximum de bénéfices. Donc, première étape : l'état des lieux. L'exercice n'est pas difficile, puisqu'on sait ce qu'il y a dans toutes les régions du Sénégal. C'est par conséquent de dire : voilà, la Casamance, par exemple, c'est notre grenier agricole. Alors, on va massivement investir dans les projets agricoles et créer un agro-pôle à Ziguinchor qui servira toute la sous-région. Un pôle d'implémentation pourrait être la vallée d'Anambé, avec ses milliers d'hectares déjà irrigués et ses dizaines de milliers d'hectares irrigables. Il y a beaucoup à faire. Les jeunes qui ont pris les armes depuis 30 ans, alors qu'ils étaient plutôt à la recherche d'un travail, trouveront à faire. J'ai parlé ailleurs de la « discrimination positive ». Ce sera le lieu ici d'en faire profiter ces jeunes qui ne demandent qu'à être utiles à leur pays et à eux-mêmes.

Les audits réalisés à chaque alternance révèlent non seulement au niveau de l'Administration centrale, mais aussi au niveau de la gestion des collectivités décentralisées, de nombreuses malversations financières. Les mécanismes de contrôle des dépenses budgétaires font-ils tant défaut ?

Ce ne sont pas les machines qui contrôlent. Ce sont les hommes. Vous pourriez avoir les meilleurs programmes et les meilleures procédures de mise en place de la dépense publique, si les hommes qui en ont la charge n'ont pas un sens élevé du bien public, l'argent disparaîtra toujours. Bien sûr, on a besoin d'une bonne structure organisationnelle, mais on a besoin surtout de la bonne graine, en matière de ressources humaines. Cela rejoint mon point de vue concernant la bonne gouvernance et la formation.

La mauvaise gestion peut être le fait de fonctionnaires véreux, ou résulter de l'incompétence, du peu de formation, ou même encore de l'incompréhension quant au rôle et aux objectifs de l'administration décentralisée. Quand on a dépensé beaucoup d'argent pour se faire élire maire ou conseiller, on peut croire qu'il est normal d'user de ses nouvelles fonctions pour actionner la manette des passe-droits, et qu'il n'est pas délictueux de s'approprier d'une bonne part du budget. Mais il faut reconnaître que l'impact négatif de la méconnaissance des procédures administratives, notamment budgétaires, fait des ravages.

Reconnaissez néanmoins qu'il y a un véritable problème dans le transfert des ressources financières aux collectivités décentralisées.

C'est un très vieux débat. Il y a du vrai dans ce reproche fait au pouvoir central. Quand on évalue la part agrégée des budgets des régions, on se rend compte qu'elle tourne autour de 5% de l'argent dépensé par l'Administration centrale. Ce n'est pas normal. Quand nous parlons d'une meilleure décentralisation, il ne s'agit pas simplement de transférer les compétences, il s'agit d'accompagner les compétences avec les moyens. Mais ce n'est pas tout. Il faut mettre en place la spécialisation des régions afin de créer ce que je veux bien appeler la « dynamique de la décentralisation ».

Vous avez déjà parlé de la Casamance. Quels sont les principaux pôles de cette « dynamique de la décentralisation » ?

Toutes les régions du Sénégal sont concernées. Il y en a quatorze. Mais on peut, pour les besoins de la spécificité régionale et de la dynamique de décentralisation, les regrouper en quatre ou cinq grands ensembles naturels. Chacun a sa spécificité, chacun a des richesses.

La région côtière compte la Petite Côte au sud de Dakar – et on peut d'ailleurs descendre jusqu'en Gambie – et la Grande Côte qui s'étend jusqu'à Saint-Louis, au nord de la presqu'île du Cap-Vert. Dans la région de Saint-Louis, il y a la vallée du Fleuve qui nous vient du Fouta Djalon pour se jeter à la mer à travers un corridor de 800 kilomètres. Elle peut, à elle seule, faire du Sénégal un pays exportateur net de riz, même si déjà, comme vous le savez, le riz au poisson, ou encore *tiéboudiène* en langue wolof, est un produit d'exportation sénégalais mondialement reconnu. De grands projets agro-pastoraux pourraient voir le jour tout le long du fleuve, appuyés par cette zone agricole d'excellence qui permettrait de dégager des valeurs ajoutées, puissants multiplicateurs de richesses. Les infrastructures ne font pas défaut. Il faudra les consolider. Les millions de m^3 d'eau de pluie qui se perdaient en évaporation dans l'air sans compter les dégâts causés par les inondations sont à présent régulés grâce au barrage de Diama.

Ensuite, nous avons le Sénégal oriental et la Haute Casamance. La vocation minière de ce pôle d'excellence le destine à abriter une école des mines. Nous avons déjà parlé de la Casamance, ce grenier naturel du Sénégal grâce à son important réseau hydraulique et au dynamisme de sa population. Il y a enfin la bande sahélienne, propice à l'activité pastorale. J'ai parlé de la viande séchée qu'on pourrait produire au Sénégal et exporter aux États-Unis grâce à l'AGOA. Les Américains n'auraient plus besoin d'importer de la viande séchée de l'Afrique du Sud. Ils gagneraient en coût de transport, et il n'y a pas de doute que le coût de production serait également plus attractif.

Vous êtes pour la croisade contre l'enrichissement illicite. Il s'agit là d'un phénomène planétaire, bien que prenant l'allure de véritable fléau en Afrique. L'état des lieux au Sénégal est-il préoccupant ?

Notre pays a jusqu'ici réussi à asseoir les bases d'une démocratie majeure et a également fait des pas significatifs vers l'émergence économique avec la construction d'infrastructures de qualité. Cependant, des poches de résistance au développement sont toujours perceptibles dans la gestion des affaires publiques. Malgré la bonne volonté des différents gouvernements qui se sont succédé, la question de l'enrichissement illicite reste le point faible de notre démocratie.

La démocratie n'est pas seulement dans le pluralisme politique et médiatique ou dans l'organisation d'élections libres et transparentes ; elle est aussi et surtout dans l'économique. La démocratie économique est à la fois l'égalité des chances libérant les individus de toutes les entraves qui plombent leur épanouissement économique et l'éthique de la transparence dans la gestion.

Cette éthique de la transparence exige non seulement le respect du bien public, l'abnégation dans la gestion, mais aussi la disposition à rendre publiquement des comptes chaque fois que de besoin. Rendre des comptes c'est à la fois communiquer sur sa gestion et permettre à la justice d'être opérationnelle aussi bien dans sa procédure que dans ses verdicts.

Le Sénégal avait doublement intérêt à réactiver la Cour de répression de l'enrichissement illicite, d'abord parce que c'est devenu une exigence éthique et politique, ensuite parce que, à tort ou à raison, l'État est soupçonné de fermer les yeux. Je salue par conséquent la décision du président Macky Sall d'avoir, depuis le 10 mai dernier, réactivé cette loi qui, rappelons-le, avait été initiée par le président Abdou Diouf en 1981. Mais il ne faudrait pas se réjouir très tôt, bien que je n'aie aucun doute sur la détermination du nouveau Président. « Cela a été un échec ! » s'était écrié le Président Diouf au micro d'une radio internationale, alors qu'on l'interrogeait sur cette mesure.

Les conséquences de la corruption des élites ne sont pas seulement d'ordre économique, elles sont aussi d'ordre psychologique : elles détruisent tout respect du bien public. Est-il besoin de rappeler que ceux qui gouvernent ou qui ont vocation de le faire devraient être exemplaires de ce point de vue ?

Pensez-vous que les citoyens puissent être amenés à croire encore en la capacité d'un gouvernement à combattre ce fléau ?

On doit persuader les citoyens que, non seulement le pays est suffisamment pourvu d'instruments juridiques et institutionnels pour traquer la corruption, mais aussi qu'il est résolument tourné vers un avenir fait de tolérance zéro en matière de sanction de la corruption.

Pour ce faire, il faut s'employer à traquer la corruption en amont et ne pas seulement se contenter de la traquer après sa commission. Il faut « promouvoir la vertu pour prévenir le vice ». Un tel pari ne peut être tenu si la justice ne fonctionne pas à plein régime comme un pouvoir indépendant de l'exécutif et du législatif.

Pourquoi dans notre pays la justice doit-elle attendre d'être saisie sur des cas de corruption et de concussion pour déclencher des poursuites ? Et pourquoi l'on tergiverse à appliquer des sanctions exemplaires lorsque des infractions et des crimes économiques ont été formellement établis ? La réponse à ces deux questions est toujours la même : un défaut d'indépendance de la justice et un défaut d'instruments juridiques préventifs. Concernant le déficit d'indépendance de la justice, diverses propositions sont faites, mais le problème est souvent beaucoup plus culturel qu'économique.

L'indépendance, c'est comme la liberté. Elle n'est jamais un cadeau. C'est une conquête permanente qui ne survit que par et dans le fait de l'exercer et de la préserver des différentes formes de prédation. On aura beau ériger les meilleures institutions juridiques et les meilleures lois de lutte contre la corruption, si les magistrats ne prennent pas leur responsabilité pour agir en toute indépendance, la justice ne sera jamais indépendante. Pour avoir une justice indépendante, il faut avoir des juges indépendants, or de tels juges doivent d'abord l'être psychologiquement. C'est dans la conscience d'être indépendant qu'on vit son indépendance et pas seulement dans la nature et la qualité des institutions.

Le concept de développement est indissociable de la lutte contre la corruption. Les exigences d'une croissance économique équitable doivent s'appuyer sur une réelle politique de rationalisation et de redistribution des ressources.

La saine concurrence entre les acteurs économiques, qui constitue le moteur par excellence de la croissance, doit être garantie par un cadre efficace et performant d'ordre juridique, judiciaire et institutionnel.

Le cadre et les mécanismes ne font pourtant pas défaut. Des mesures sont prises, des lois sont votées, le mal persiste et signe.

C'est vrai. Un certain nombre de mécanismes existent bel et bien au Sénégal pour combattre la corruption. Les bailleurs de fonds et la société civile y ont, par ailleurs, grandement contribué. Force est de constater que ces dispositifs ne produisent pas toujours les effets escomptés. Les scandales financiers défraient toujours les chroniques de presse.

Les Sénégalais constatent pour le déplorer que cette situation s'est empirée avec l'avènement de l'Alternance qui, pourtant, avait suscité un grand espoir. Plusieurs responsables notamment des ministres, pauvres au moment de leur nomination, ont accumulé au fil du temps et aux yeux de tous, avec une arrogance inqualifiable, des villas et immeubles de plusieurs centaines de millions de francs CFA. L'enrichissement illicite de ces responsables est flagrant et connu de tous.

Qu'est-ce qui fait donc défaut dans le système de lutte contre la corruption ?

Tous les observateurs ont noté avec satisfaction que les textes législatifs et réglementaires en vigueur permettent de lutter efficacement contre la corruption et le blanchiment d'argent. Toutefois, la mise en œuvre de ces dispositions légales se heurte à une fragilisation des institutions judiciaires chargées de réprimer les comportements.

C'est pourquoi dans le contexte actuel de la corruption au Sénégal, deux mesures me semblent indispensables pour remonter la pente et jeter les bases d'une société plus juste éprise des valeurs d'éthique dans la gestion des biens publics. Il s'agit de renforcer l'indépendance de la justice et de réactiver la loi sur l'enrichissement illicite. C'est chose faite pour cette dernière, alors que la rédaction de ce livre est en cours, et que je l'évoquais depuis le début des entretiens.

Commençons par l'indépendance de la justice si vous le voulez bien.

C'est en effet le pilier de la bonne gouvernance. Le débat sur son indépendance est récurrent à l'occasion d'affaires ou de procès dans lesquels sont partie prenante certains hauts responsables de la vie publique. Plus d'un Sénégalais est profondément outré de constater que les rapports des institutions indépendantes de contrôle incriminant de hautes personnalités ne connaissent pas de suite. Le sentiment le plus partagé est qu'il règne une flagrante impunité, notamment lorsqu'il s'agit des grands délinquants à col blanc.

Pour permettre à la justice de jouer pleinement son rôle, tout le monde est d'accord que le lien organique reliant le Parquet et le ministère de la Justice doit être repensé. Les faits délictuels résultant des rapports des organes de contrôle doivent faire l'objet de mesures de poursuites de la part du Procureur de la République, sans aucune entrave ou pression venant du Pouvoir exécutif.

À défaut d'obtenir la suppression du ministère de la Justice au risque de tomber dans un gouvernement des juges ou même de tyrannie, il est possible d'explorer des réformes qui permettent aux organes de contrôle de se constituer partie civile pour toutes les infractions constatées et portant sur des faits de corruption, de blanchiment d'argent ou de détournement de deniers publics. Ces organes de contrôle devront pouvoir saisir eux-mêmes le juge d'instruction d'une plainte avec constitution de partie civile.

L'autre préoccupation pour renforcer l'indépendance de la justice est la réforme du Conseil supérieur de la Magistrature qui est l'organe chargé de la carrière et de la probité des magistrats. D'ailleurs, un signal fort en ce sens a été administré par les magistrats sénégalais au sein de leur organisation professionnelle, l'UMS. L'idéal est de faire en sorte que tous les membres de cette haute instance soient élus par leurs pairs. La lutte contre la corruption des magistrats, inacceptable dans un État de droit, doit être menée sans complaisance.

Parlez-nous à présent de la réactivation de la loi sur l'enrichissement illicite.

C'était un impératif. Il n'est pas étonnant que dans l'ambiance de contestation sociale déclenchée le 23 juin 2011, qui porte d'ailleurs un nom assez évocateur – Y en a marre –, les populations, et notamment les jeunes générations, se soient ouvertement attaquées aux biens des responsables politiques du régime.

L'enrichissement illicite de responsables ou alliés du régime avait atteint un niveau inacceptable qui heurte le sentiment de justice de tous les citoyens. La tentative de révision de l'article 29 de la loi incriminant le blanchiment de capitaux qui est un aveu de taille et l'arrogance des nouveaux riches de biens mal acquis sont autant de sources de tension sociale.

Les pilleurs de notre économie qui se sont personnellement enrichis du fait de leur position dans l'appareil d'État doivent prouver devant la nation la source de leur fortune. Comment expliquer que des personnes qui se déplaçaient dans des « cars rapides », devenues ministres, sont en peu de temps, à la tête d'immenses fortunes ?

L'activation de la loi précitée mettra certainement un terme, ou du moins sera une vive réponse, à cette grande injustice sociale où des Sénégalais fatigués et épuisés par les contingences cohabitent avec d'autres qui, sans scrupules, se bardent de manière ostentatoire, de biens mal acquis. Mais pire, on constate que la corruption au niveau de la justice a atteint un degré tel qu'un éminent avocat de la place me disait que maintenant, certains avocats en plus de leurs honoraires, demandent carrément à leurs clients une « provision » pour faire pencher la balance de leur côté.

J'ai eu moi-même à vivre cette aberration. Dans une affaire où je risquais d'être condamné à 250 millions, on m'a demandé de payer 35 millions. J'ai bien sûr refusé et j'ai été condamné alors que tout le monde savait que j'avais raison.

J'ai donc dû payer les 250 millions. Par contre, là où c'est quelque part rassurant, c'est que dans une autre affaire des juges ont condamné un de leurs pairs qui avait porté plainte contre moi pour diffamation et avait même convoqué leur association. Il a été purement et simplement débouté !

Croyez-vous que l'indépendance de la justice par rapport à l'exécutif suffise à faire rendre la bonne justice ?

Dans ce débat, beaucoup d'analystes ont pensé que la nomination des juges par un Conseil supérieur de la Magistrature pourrait constituer un gage d'indépendance. Je ne partage pas cet avis. L'exécutif n'est pas le seul pouvoir qui menace l'indépendance de la justice. Les pouvoirs économiques et financiers, le pouvoir spirituel ou religieux, les contre-pouvoirs que sont les médias et l'Internet sont autant de sources de pression qui peuvent influencer et orienter le juge dans son travail.

Ce n'est pas parce qu'un juge est nommé par le président de la République qu'il est condamné à ne pas être libre et indépendant dans sa profession. Ce n'est pas non plus parce qu'un juge est nommé par ses collègues qu'il est de facto indépendant.

Ensuite, il faut faire remarquer contre cette solution que le fait de créer un Conseil supérieur de la Magistrature et de supprimer le ministère de la Justice peut précipiter la démocratie vers l'abîme d'un gouvernement des juges où ces derniers prendront les hommes politiques en otage suivant les contingences de leur conviction politique ou même de leurs intérêts.

Qu'est-ce qui nous garantit *a priori* que des juges issus d'une telle réforme sont d'office prémunis contre les diverses formes de corruption qu'ils sont eux-mêmes chargés de traquer ? Des juges ont plusieurs fois dit publiquement que les outils juridiques et institutionnels pour permettre un exercice indépendant de la justice existent dans notre pays. Il faut arrêter d'investir les fausses pistes et de faire croire aux citoyens que la justice est sous l'emprise de l'exécutif.

Le simple fait qu'il y ait dans ce pays un syndicat des juges est la preuve que la justice peut être libre quand les gens qui la représentent le désirent. Quand un homme n'est pas conscient que son bien le plus précieux est la liberté, il la perdra toujours au gré des circonstances. Quand un juge n'est pas à l'abri de certaines tentations, sa liberté n'est plus qu'un mot vide à la bouche de ceux qui cherchent à fuir leurs responsabilités.

Aux États-Unis, le président de la Cour suprême est nommé par le Président, même si cette nomination doit être validée par le Sénat pour être effective. Pourtant, on n'a jamais entendu un Américain arguer de cette nomination pour dire que la justice de son pays n'est pas indépendante.

La recette n'est donc pas dans cette alchimie plus que douteuse et porteuse d'instabilité politique.

Où trouver donc la bonne recette ?

Je vois deux directions. D'abord une sensibilisation tous azimuts dont le but sera d'inculquer aux citoyens la culture de la transparence et de la bonne gestion. Chaque homme politique doit donner le bon exemple, de même que les responsables du privé. Ensuite la lutte contre la corruption doit être toujours amplifiée et affinée par une législation de plus en plus sévère en matière de peines appliquées aux coupables d'actes de corruption.

Le pouvoir politique ne peut et ne doit pas être une source de richesse à moins qu'il n'ouvre la porte aux procédés de corruption comme les commissions et les dessous de table. Nous pensons que la meilleure façon de laver définitivement les mis en cause de tout soupçon est de mettre sur pied une commission de lutte anticorruption dans l'esprit de la loi sur l'enrichissement illicite. La soudaine prospérité et l'étalage ostentatoire de richesses dans des cérémonies de prestige sont devenus absolument impudiques dans ce pays et il faudra tôt ou tard rendre des comptes. Cette richesse insolente doit pouvoir être justifiée par ceux qui en sont les propriétaires pour non seulement donner le bon exemple, mais aussi pour au moins réconcilier les citoyens avec le pouvoir.

Le Sénégal ne peut se permettre d'asseoir son économie sur des bases nébuleuses, ni de l'accommoder aux vicissitudes de la corruption parce qu'aucune économie n'est viable si elle n'est pas débarrassée de certaines formes nocives d'enrichissement illicite. Un pays où il est toléré qu'on puisse s'enrichir de façon illicite se détruit, car le travail et la droiture deviennent du coup inutiles. On ne peut pas prétendre que rien de ce qu'on possède n'a une origine illicite si on ne peut pas fournir des justifications plausibles.

Si nous voulons un pays dans lequel le travail et l'honnêteté seront les leviers de la croissance, nous ne pouvons pas faire l'économie d'une lutte acharnée et perspicace contre la corruption. Face à un tel fléau, il n'y a ni demi-mesure ni compromis : les solutions doivent être radicales et ardues. Les juges ont beau être perspicaces et honnêtes, s'il y a des barrières objectives qu'ils ne peuvent pas surmonter, leurs investigations seront vaines.

Depuis quelques années, certains pays d'Asie achètent de grandes surfaces agricoles en Afrique. Vous qui êtes champion du partenariat, est-ce une bonne chose ?

Je vous dis tout de suite que je suis contre la vente des terres. Si un peuple n'a plus de terre, il lui reste quoi ? Le partenariat ne signifie pas vendre ses terres. Je crois que les pays qui se sont contentés de quelques millions de dollars pour aliéner des millions d'hectares de leur terre ont non seulement eu tort de le faire, mais ils privent ainsi les générations futures de leur héritage le plus légitime.

Une autre technique consiste à accorder des concessions, qui vont généralement jusqu'à 99 ans !

Là encore, je ne suis pas d'accord. 99 ans, c'est trop. Je conviens que nous n'avons pas de Capital. Je conviens que nous ne disposons pas de moyens d'investissements importants pour faire de l'agriculture industrielle. C'est justement la raison pour laquelle le partenariat avec de grands groupes étrangers me semble justifié. Un partenariat dans le sens d'apports mutuels. Nous disons ceci à nos partenaires : « Vous avez l'argent, nous, nous avons la terre.

Venez, financez, vous gagnerez de l'argent, et nous aussi. » Dans ce schéma, il n'y a pas d'aliénation de quelque terre que ce soit. S'il faut à la limite accorder des concessions, elles ne doivent pas aller au-delà de 20 ou 25 ans, mais encore une fois en partenariat avec les populations locales. La terre pourrait par exemple être cédée à un GIA (Groupement d'Intérêt Agricole).

Tout, ou presque, a été tenté depuis un demi-siècle, pour que l'Afrique mange à sa faim, mais surtout qu'elle produise ce qu'elle consomme. Des milliards de dollars ont été investis, mais nous demeurons la seule région au monde où on importe l'essentiel de ce qu'on consomme, ce n'est pas normal.

Le tableau n'est effectivement pas très enviable. Mais aujourd'hui, il y a un nouvel élément qui pourrait faire tout basculer, ce sont les nouvelles technologies de l'information, les fameuses TIC. Bien sûr, au préalable, le paysan ou l'agriculteur sénégalais ne doit plus répondre au portrait-robot que nous connaissons. Il ne doit plus être celui dont toute la force se trouve dans les bras. Il doit disposer d'un minimum de bagage intellectuel qui lui permette de comprendre les mécanismes qui commandent les prix de ce qu'il produit ou de ce qu'il vend. Il doit pouvoir décider de ce qu'il va produire en rapport avec ce qu'il gagnera, c'est-à-dire en prévision des cours sur le marché. Pour tout dire, il doit profiter des TIC pour sa formation.

Et comment, selon vous, parviendra-t-il à une telle maîtrise de l'environnement international des marchés ?

Grâce justement aux TIC. Regardez aujourd'hui avec quelle facilité nos parents au village utilisent le téléphone portable. Ne vous permettez pas de leur offrir n'importe quoi. Ils en connaissent les fonctions, et peuvent faire la distinction entre un portable qui n'offre pas beaucoup de fonctionnalités et un autre qui lui permet d'écouter de la musique ou la radio. Nous partons donc du principe que le paysan est aussi intelligent que tout autre citoyen. Ce qu'il lui faut, c'est la formation. Il doit être formé. À l'avenir, il faudra que, dans les zones rurales, on ne trouve plus personne qui ne soit titulaire d'au moins du Certificat d'études primaires, et les cybercases doivent servir à cette formation.

Si le paysan sait qu'à effort égal et à périmètre cultivé égal il peut gagner dix fois plus avec autre chose que l'arachide, il n'attendra le conseil de personne pour aller vers cette autre chose. S'il sait que la pluviométrie a été abondante partout dans le monde où l'on cultive le même type de culture que lui, il comprendra que cette année-là, les cours sur les marchés ne seront pas élevés. Il est donc prévenu, il dispose de l'information, il saura prendre, en toute connaissance de cause, les décisions au mieux de ses intérêts.

Il y a également la question cruciale des variétés. Tous les pays disposent d'instituts de recherches agronomiques. Certains font des découvertes très intéressantes dans des types de variétés à plusieurs cycles annuels, ceux par exemple qui nécessitent peu d'eau ou qui offrent à la récolte une production plus abondante. Encore une fois, nous sommes sur le terrain de l'information. Il peut solliciter telle variété de telle céréale produite dans tel pays où le rendement est meilleur. Et peut-être même la qualité du sol dans son environnement pourrait donner de bien meilleurs résultats.

Les habitudes alimentaires ont changé avec le temps. Il y avait essentiellement le mil et le sorgho. Il y a le riz maintenant. Alors, il faut également modifier les habitudes de production. Nous ne produisons pas suffisamment de riz pour satisfaire les besoins de la population. Il est possible qu'avec certaines variétés, avec les mêmes surfaces, on obtienne deux fois, trois fois plus de riz. Dès que l'information est maîtrisée, tout devient possible. On quitte progressivement le mode ancestral de pensée où les ethnies se sont spécialisées dans des cultures déterminées et croient ne pas pouvoir ou devoir faire autre chose. Le champ de vision va au-delà de la petite exploitation pour la simple satisfaction des besoins alimentaires de la famille, ou la petite exploitation de rente qui ne dépasse guère 5 ou 10 hectares, et qui permet à peine d'envoyer les enfants à l'école. Et c'est ici qu'intervient le partenariat. Moi, paysan, je ne cultive que 5 hectares. Je dispose pourtant de 100 hectares. Seul, je n'y arriverai pas. Quelqu'un peut-il m'aider ?

La terre ne manque pas. En Casamance, par exemple, les combattants indépendantistes qui font parler d'eux en ce moment ne verraient pas d'un mauvais œil qu'on fasse des terres où ils se réfugient des espaces de production qui leur permettraient de vivre pleinement leur vie. Je pense à tous ces jeunes qui sont dans le maquis, et qui constituent une grande force de travail qui contribuerait à la forte croissance dont nous avons besoin pour accéder à l'émergence dans une dizaine d'années. Que faut-il pour cela ? La mise en place de partenariats gagnants-gagnants avec des groupes étrangers ou même des Sénégalais qui souhaitent investir dans le secteur et qui disposent de la technologie et des capitaux.

En une seule petite décennie, le Sénégal pourrait devenir un grand pays agropastoral. On ne nous connaît que pour la culture de l'arachide. Pourtant le sol sénégalais est suffisamment riche pour accueillir tant d'autres cultures. Il y a notamment le maraîchage. Grâce aux techniques d'irrigation, il peut être pratiqué partout au Sénégal. Et ce serait une bonne chose, ne serait-ce que pour la santé de nos populations, dont l'alimentation est peu variée. Les produits maraîchers, les fruits et légumes en règle générale contiennent de nombreuses vitamines : la carotte, la salade verte, la pastèque, les épinards, et j'en passe, font déjà partie du paysage lorsque vous sillonnez le Sénégal. J'ajouterai également les vergers, que vous verrez en sillonnant le pays profond. L'orange, la noix de cajou, le tamarin, la banane, l'ananas, la papaye, l'avocat, tous ces fruits, les Sénégalais les produisent. Nous sommes une terre bénie. Mais nous n'en sommes qu'à des frémissements. Il faut aller plus loin, nous devons porter l'ambition à des sommets, dans le cadre d'une grande vision de développement où oser, une fois de plus, reste le maître mot et c'est là où il nous faut avoir encore plus d'ambition. Quand j'ai parlé à notre nouveau ministre de l'Agriculture, mon jeune frère et ami Benoît Sambou de l'idée de faire du petit centre agricole de Djibélor un grand Agropole, il a tout de suite été séduit par l'idée et m'a dit qu'effectivement, on pouvait penser à un centre d'environ 7 milliards de francs CFA. Je lui ai tout de suite dit non, non, il faut un Agropole de 100 milliards (10 milliards pendant 10 ans) et en faire le « cerveau agricole de toute la sous-région » (pour le Sénégal bien sûr, mais aussi pour la Gambie, la Guinée-Bissau et même la Guinée-Conakry et le Mali). Et au passage inviter les plus grands spécialistes et chercheurs du monde à Ziguinchor. C'est ça oser !

Au niveau de l'élevage, nous devons vaincre certaines mentalités. Les gens vous diront, par exemple, que ce sont les Peuls qui élèvent les bœufs. Or, ces derniers ne vendent une partie de leur bétail que pour satisfaire leurs besoins immédiats. Pourtant, nous avons besoin d'une industrie pastorale. Les Sud-Africains produisent de la viande séchée exportée vers les États-Unis comme je l'ai déjà mentionné en parlant de l'AGOA. Il serait plus économique de développer le cheptel ici au Sénégal, et d'avoir des industries qui produisent de la viande séchée pour le marché américain.

Outre l'agriculture et l'élevage, il y a la pêche. Comme vous le savez, les Sénégalais sont de très grands pêcheurs. Les eaux maritimes du Sénégal sont très poissonneuses. Ce n'est pas pour cela qu'il faudrait qu'on se contente des petites royalties que nous procure l'octroi de licences de pêche à des sociétés étrangères. Les Sénégalais doivent pêcher et vendre les poissons qui abondent dans leurs eaux. C'est pour cela que je suis pour la mise en place de programmes pour financer les chalutiers, la formation des marins pêcheurs, les usines de transformation des produits halieutiques. Vous savez que nous avons une unité de transformation de thon au Sénégal. Il faut à cette usine des moyens pour s'étendre et tripler, pourquoi pas, sa production.

La présidence Wade a été marquée en 2008, par une initiative très originale : la Grande offensive agricole pour la nourriture et l'abondance, ou la GOANA. En votre qualité de conseiller spécial du Président, vous avez participé à l'élaboration de cette stratégie qui visait à rendre le Sénégal autosuffisant sur le plan alimentaire. Personne n'en parle plus. Qu'est-ce qui a posé problème ? Qu'est-ce qui a fait défaut ? L'argent ? Les hommes ? Les partenaires ?

Nous avons l'impérieux devoir de sortir des sentiers battus. Il nous appartient d'inventer les solutions à nos problèmes, mais surtout, une fois de plus, d'oser. Les projections faites dans le cadre de la GOANA devaient effectivement permettre au Sénégal de satisfaire les besoins en termes d'alimentation par une audacieuse politique d'investissements dans ce secteur. Et même d'en faire un exportateur net de produits alimentaires. Il faut, à cet effet, rendre un hommage sincère au Président Wade qui, ici, a osé poser les vrais problèmes là où ils se trouvaient et tenté des solutions originales telles qu'on ne les avait jamais pensées.

Pour revenir à un des volets de votre question, je n'y ai pas participé, mais là aussi et encore, on a menti au Président. D'après ce que je sais, on lui a dit que nous aurions, grâce à la GOANA qui, encore une fois, était une bonne idée, produit 500 000 tonnes de maïs. C'était absolument faux. D'après les spécialistes de la filière, on aurait à peine produit 50 000 tonnes. Or, il était effectivement possible de produire 500 000 tonnes. Qu'est-ce qui n'a pas marché ? comme diraient nos cousins ivoiriens.

J'ai dit quelque part au cours de cet entretien que nous avions besoin de patriotes. C'est une grande race d'hommes et de femmes tous dévoués à la nation. J'ai aussi dit qu'il fallait la formation, c'est-à-dire, avoir sur le terrain des hommes formés à leur métier, et surtout compétents. C'est lorsque vous avez créé une synergie entre patriotisme et compétence que vous arrivez à des résultats probants. L'un ou l'autre de ces deux ferments a manqué quelque part dans la chaîne. Aujourd'hui, ce qui me semble important, c'est qu'il existe un schéma qui n'est pas de l'utopie, c'est qu'on ne peut pas dire que ce n'est pas possible. Les Sénégalais ont l'intime conviction que nous pouvons accéder à l'autosuffisance et même disposer de surplus qui nous permettent d'exporter. Je crois, pour ma part, que nous pouvons faire mieux que ceux qui, il y a 50 ans, étaient derrière nous et qui, depuis des décennies, jouissent des bienfaits de l'émergence.

Je suis persuadé qu'il faudrait peut-être que nous essayions de mieux comprendre l'e-agriculture. Avec mon bureau de Beijing, je travaille actuellement avec la société China Great Wall, le géant chinois de l'aéronautique sur un programme d'e-agriculture pour tous les pays de la CEDEAO.

C'est peut-être le lieu de nous réjouir de ce que le nouveau ministre de l'Agriculture soit un vrai fils de paysan et de surcroît un bon Casamançais. Je sais par exemple – car nous en avons discuté – ce qu'il souhaite faire de la Vallée de l'Anambé en se basant partiellement sur le concept d'e-agriculture.

Je lis en ce moment le livre que m'a offert mon ami Shindé qui parle des idées de son Père, Amasahed Shindé, le père de la Révolution agricole indienne, ancien ministre de l'Agriculture. Le livre résume ceci : dans les années soixante, l'Inde était un pays où les gens mouraient de faim. La nourriture était importée massivement des États mis sous le programme PL 80. Les experts voyaient l'Inde comme un cas désespéré qui risquait d'être rayé de la carte des nations. Aujourd'hui après que sa population eut augmenté de 250% depuis 1960, l'Inde a non seulement atteint l'autosuffisance alimentaire, mais elle aide à nourrir des millions d'êtres humains loin de ses frontières.

Pour donner un autre exemple, prenons le mois béni du Ramadan. Au cours de cette période de jeûne, la consommation de dattes augmente sensiblement. Savez-vous que le Sénégal, au lieu d'en importer pourrait en être un net exportateur ?

Dans un tout autre chapitre, j'ai demandé à ma fille Eva qui commence à se spécialiser dans l'agro-business de voir où et comment on pourrait produire au Sénégal de l'aliment pour l'élevage de poulets. Simple ! J'ai écouté une émission fort intéressante sur RFI. C'était sur l'aviculture. J'ai ainsi appris que près de 60% des poulets consommés en Afrique étaient importés.

Pour produire du poulet, il faut quoi ? Avoir des aliments pour poulets. Alors, je lui donne comme équation à résoudre de voir comment le Sénégal pourrait exporter demain de la nourriture de poulets après avoir effectué, bien sûr, la prouesse de vendre des poulets aux Brésiliens qui inondent nos marchés actuellement.

Avis aux intéressés, je souhaite que dans 10 ans, nous exportions notre « Poulet Gorgy » dans le monde entier.

L'Afrique du Sud a abrité le 25 mai 2012 le premier sommet mondial de la diaspora. Vous aimez à dire « l'or gris de la diaspora ». Alors, satisfaction ?

Je dois d'abord vous dire, peut-être l'oublie-t-on souvent, que l'on doit au président Abdoulaye Wade la reconnaissance par l'Union africaine du statut de « 6ème région africaine » à la diaspora. Bien qu'ayant étudié aux États-Unis d'Amérique, je n'ai pas eu le temps d'appartenir à la diaspora puisque mon diplôme d'architecte en poche, il me brûlait d'envie de rentrer. Ce que j'ai fait, en embarquant et mes bagages, et ma Mustang dans le premier bateau en partance pour le Sénégal. En disant cela, je ne veux pas suggérer que tout étudiant africain devrait rentrer immédiatement au bercail. Il est toujours bon d'acquérir de l'expérience dans le pays où l'on a reçu sa formation. On rentre mieux armé, et surtout doté de l'esprit d'entreprise qui a fait que ces pays sont là où ils sont aujourd'hui au plan de leur développement et des innovations qui fondent leur progrès.

Le phénomène migratoire, qui crée la diaspora, est mondial. Certains peuples ont la réputation d'en être des champions. Mais vous remarquerez que l'histoire des grandes nations a une grande part d'émigration. Il s'est agi, au début, d'aller explorer d'autres contrées ou celles dont on imaginait l'existence. C'est ce qui a conduit aux grandes découvertes. Les grands bénéficiaires de ces découvertes étaient les pays d'origine des explorateurs, qui ont fait main basse sur les richesses des terres découvertes dans les quatre recoins du monde. Les missions d'exploration étaient d'ailleurs financées soit par les États, soit par les grandes sociétés qui savaient qu'elles en tireraient de substantiels profits.

Sous sa forme moderne, on peut poser l'équation autrement : nous allons acquérir le savoir, y compris les techniques d'utilisation de ce savoir – ici interviennent donc le travail et l'expérience –, et nous ramenons tout cela au pays. Le développement du Sénégal se fera donc avec sa diaspora.

Il y a quelques années, le Gouvernement sénégalais, en collaboration avec le PNUD, a mis en place un programme de mobilisation des experts de la diaspora, appelé TOKTEN, sous son acronyme anglais.

Le mérite de ce programme est peut-être de démontrer la pertinence de mon propos, mais rien de plus. Comme tout projet qui requiert du financement de l'étranger, vous constaterez que ce programme n'est pas allé loin dans sa mise en œuvre. Dès que la source de financement s'est tarie, il a pris du plomb dans l'aile. Le TOKTEN a mis en place une base de données dans laquelle ne sont inscrits qu'une centaine de Sénégalais dont un peu plus de la moitié seulement sont rentrés faire des missions de courte durée, essentiellement à Dakar et à Saint-Louis.

Lorsque je dis qu'ensemble avec la diaspora nous devons oser, cela va plus loin. Déjà, il faut que l'économie entre dans une dynamique de croissance tous azimuts qui ne demande pas qu'on aille une fois de plus demander de l'argent aux organisations internationales pour faire ce que nous avons nous-mêmes à faire. Cette dynamique économique et financière créera les besoins qui se satisferont d'eux-mêmes.

Si je monte une usine de fabrication d'enjoliveurs pour les constructeurs automobiles aux États-Unis dans le cadre de l'AGOA dont nous avons parlé, je n'ai pas besoin du PNUD pour chercher sur le marché sénégalais de la diaspora les cadres dont j'ai besoin pour faire tourner mon usine. Et encore moins de son argent. Si je dois créer une banque et drainer l'argent des Sénégalais de la diaspora, ceux qui veulent y investir viendront directement y mettre de l'argent. Les gens se réunissent tous les jours, créent des comités de réflexions, rédigent des milliers de pages de rapports et de recommandations. C'est bien tout cela, mais moi, j'ai besoin d'actions, je suis un homme d'action.

Concrètement, quelle est votre ambition pour la diaspora sénégalaise ?

10% des Sénégalais vivent à l'étranger, et contribuent à hauteur de 20% dans la formation de la richesse nationale de notre pays. Face à ces chiffres édifiants, on ne peut pas passer son temps à rédiger des rapports comme cela se fait depuis plus de 10 ans.

D'abord, nous devons savoir qui fait quoi et où. La mise en place d'une base de données véritablement internationale et inclusive serait une première étape. L'information doit circuler dans tous les milieux où vivent les Sénégalais.

Ensuite, tous les Sénégalais qui gagnent leur vie à l'étranger doivent se trouver dans cette base de données à laquelle auront accès les entreprises, les centres de recherche, les banques, etc. Dès lors qu'ils y gagnent leur vie, dès lors qu'ils travaillent, dès lors qu'ils ont une entreprise, ils contribuent à consolider la richesse de leur pays d'accueil. Cette force de travail et d'entreprise, cet esprit d'ingéniosité, ce savoir-faire du génie sénégalais viendront naturellement s'adjoindre à la dynamique interne pour créer une synergie gagnante et pousser le Sénégal vers l'émergence.

La contribution de la diaspora au développement du Sénégal ne nécessite d'ailleurs pas une présence physique.

Le monde a évolué. Grâce aux nouvelles technologies de l'information et de la communication, chacun peut apporter sa pierre à l'édifice de là où il se trouve. C'est cela la grande révolution apportée par la société numérique. Nous devons en tirer tous les avantages. C'est dans cet esprit que j'ai lancé le site www.333senegalais.com. De quoi s'agit-il ?

Nous avons déjà parlé de l'or gris de la diaspora. Par contre, ce que j'entends par « or gris » tout court, c'est la somme de toutes ces intelligences sénégalaises qui, à force de réflexion, d'innovation, d'expertise, de travail bien fait, de compétences, d'abnégation, voire de patriotisme, font bouger le Sénégal, l'Afrique et le reste du monde. Ils sont hors de nos frontières, mais ils sont aussi et surtout ici au Sénégal. Ils sont de tous les âges, dans pratiquement toutes les activités ; ils sont médecins, ingénieurs, opérateurs économiques, artistes, intellectuels de tous bords, écrivains, éditeurs, philosophes, journalistes, pilotes, enseignants, fonctionnaires locaux ou internationaux. Ils sont des centaines, voire des milliers. De manière générale, tous ont le même problème : ils ne communiquent pas entre eux parce qu'ils ne se connaissent pas.

www.333senegalais.com a donc pour ambition de les identifier et de leur faire partager leurs expériences, voir comment ensemble ils peuvent mettre une partie de leurs compétences au service du développement de ce qu'ils ont tous en commun : le Sénégal.

Vous avez créé « SOLAR CITY », pour marquer votre foi en l'énergie solaire. Croyez-vous sincèrement que le Sénégal peut jouer la carte du tout solaire ?

J'ai fait ma thèse il y a une quarantaine d'années sur ce que j'ai appelé « Solar City ». J'avais alors imaginé toute une ville nouvelle où la seule énergie était solaire. J'avais conçu un bus totalement solaire. Ce qui pouvait passer pour un rêve est aujourd'hui une réalité.

Nous avons cette manne qu'est le soleil au Sénégal. Nous avons plus de 4 000 heures d'ensoleillement dans l'année. C'est un record mondial. Des études ont montré que l'énergie solaire était plus rentable .que l'énergie nucléaire, avec pour autre avantage qu'elle ne produit pas de déchets. Ma société SOLAR CITY, que coordonne ma fille Rosy, installe en ce moment au Tchad deux centrales de 5 mégawatts d'énergie solaire. L'avenir de l'énergie réside dans le solaire.

Ceux qui ont voulu s'essayer à l'énergie solaire disent que le coût est relativement élevé et que la technologie en la matière n'en est encore qu'à ses débuts.

Il s'agit là d'un regard à court terme. L'énergie solaire peut paraître plus coûteuse que les énergies traditionnelles pour la simple raison que l'amortissement se fait à moyen terme. À long terme, les coûts tendent vers zéro. Il y a cinquante ans, le baril de pétrole était à 5 dollars. On était tout au début des « Trente glorieuses », cette longue période de croissance continue que l'Europe a connue avant le début des premières crises pétrolières. L'énergie était bon marché. L'essor industriel n'avait pas atteint sa vitesse de croisière au point d'être tant gourmand en énergie. Aujourd'hui, nous avons changé d'époque. Le prix du baril de pétrole tourne autour de 100 dollars. Nous avons même frôlé les 150 dollars.

L'exploitation de gisements de pétrole disséminés ça et là à travers le monde est devenue financièrement rentable, alors que personne, il y a quelques décennies, n'aurait pensé y effectuer des forages. Tant mieux d'ailleurs pour bon nombre de pays africains qui sont devenus exportateurs de pétrole.

Pour faire face à cette flambée, certains pays européens se sont diversifiés en investissant dans l'énergie nucléaire et même dans l'éolienne. En tant qu'architecte, je ne penche pas pour l'éolienne en raison de son caractère agressif sur le paysage. Le nucléaire présente des avantages. Il ne produit pas de gaz carbonique, mais ne constitue pas pour autant une énergie propre.

Les pays de la CEDEAO déboursent chaque année plus de 1 500 milliards de francs CFA pour leurs importations de pétrole. Il ne nous suffit que de réfléchir comme des gens normaux pour comprendre qu'il nous faut basculer sans plus tarder dans la civilisation du solaire.

Oser l'énergie solaire, c'est faire un bond qualitatif vers ce que nous n'avons pas hérité de la colonisation. C'est enfin oser penser par nous-mêmes et réfléchir sur des solutions propres à notre environnement et à nos moyens. En Afrique noire, aucun pays n'a jusqu'à présent résolu l'équation de l'approvisionnement en énergie. Y compris même le colosse nigérian. On ne peut pas entrer dans l'ère industrielle en étant soumis à des délestages intempestifs et à des rationnements incessants en électricité. Ce n'est peut-être pas nouveau de le dire. Vous l'entendrez dans de grands discours. Mais justement, oser, c'est arrêter de discourir.

Hermann Scheer explique dans son excellent ouvrage, *Le solaire et l'économie mondiale* (Paris, Actes Sud, 2001, 384 pages, traduit de l'allemand par Pierre Mannoni), que « chaque année, le soleil fournit quinze mille fois plus d'énergie que la consommation commerciale de la population mondiale. Il est tellement généreux qu'il pourrait satisfaire nos besoins énergétiques les plus luxueux, même si les règnes humain, animal et végétal se multipliaient encore considérablement. »

L'utilisation des énergies traditionnelles nous soumet aux conséquences des émissions de gaz à effet de serre, dangereuses pour la survie de notre planète. L'usage même du nucléaire n'est pas sans danger, dans la mesure où il implique la production de l'uranium dont les différentes applications permettent la production de la bombe atomique. Sans compter les déchets nucléaires produits par les centrales dont les réacteurs, après quelques années de fonctionnement, présentent de gros risques au niveau de la maintenance et de la sécurité. Les dangers sont donc réels. On se souvient encore des accidents qui se sont produits dans certaines centrales nucléaires et dont les conséquences pour l'avenir de l'environnement ainsi que la santé des hommes, des animaux et des plantes n'ont pas encore été totalement évaluées.

Les énergies fossiles ont donc des limites, aussi bien du point de vue de leur disponibilité, de leur coût que du danger qu'elles représentent pour notre environnement. Il est donc grand temps de passer aux énergies renouvelables, le solaire étant celle sur laquelle porte notre choix, et qui de l'avis de tous les experts est la plus propre d'entre elles.

Un élément important joue également en faveur de l'énergie solaire. Lorsque le matériel est amorti après quelques années, on ne le change pas comme cela serait le cas pour tout autre matériel usagé. Il devient tout simplement gratuit le reste du temps.

Pour obtenir de l'énergie solaire, il ne suffit pas de tendre la main au ciel. Il y a les équipements, et le Sénégal n'en produit pas. Nous allons revenir au cycle vicieux de l'importation des panneaux solaires, des accumulateurs d'énergie, etc.

Pas du tout. Vous ne le savez peut-être pas, mais la société SPEC avec laquelle je travaille en partenariat avec SOLAR CITY produit des panneaux solaires au Sénégal : c'est une première en Afrique. Une politique du tout solaire ne signifie pas importer des panneaux solaires.

Tout au long de cet entretien, j'insiste beaucoup sur l'industrie : créer sur place, transformer sur place, fabriquer sur place. Cela réduira le coût d'importation. Car, un matériel qui est fabriqué en Inde et importé au Sénégal subit un surcoût qui est au moins celui du transport, même si les taxes sont à taux zéro. Mais une fois de plus, acheter à l'extérieur, c'est créer des emplois à l'extérieur de ses frontières et maintenir le chômage à l'intérieur de ses frontières. L'emploi constitue un de nos soucis majeurs.

Lorsque nous serons de plain-pied dans le mode industriel de fonctionnement de notre économie, nous pourrons produire des machines-outils et des intrants destinés à fabriquer d'autres biens. Dans notre cas d'espèce, il s'agira de continuer la production des machines destinées à la fabrication des panneaux solaires, des batteries, etc.

Une des contraintes à l'installation de ces grosses usines est l'étroitesse du marché.

Votre remarque nous ramène à la conception coloniale des échanges entre l'Afrique et le reste du monde. Quand nous fabriquons pour le Sénégal, nous fabriquons aussi pour l'Afrique, nous fabriquons aussi pour le reste du monde. Il nous faut simplement nous conformer aux normes exigées par les différents marchés, comme d'ailleurs le font très bien nos amis asiatiques. L'économie d'échelle ne se pose donc pas, puisque nous travaillerons à l'échelle de l'économie mondiale. Mais mieux, c'est le cas de reparler de la coopération Sud Sud parce que là par exemple les centrales solaires que nous allons installer au Tchad vont utiliser des panneaux photovoltaïques fabriqués au Sénégal comme je l'ai dit tout à l'heure par la société SPEC.

Certaines installations solaires sont très rapidement tombées en panne, notamment dans certains villages non électrifiés. Cela a contribué à donner une certaine image peu reluisante à l'énergie solaire.

Lorsqu'une nouvelle technologie arrive, tout le monde s'y engouffre. Les gens se disent qu'il y a de l'argent à gagner. Ainsi donc, vous aurez des personnes qui s'affubleront de titres sans avoir de qualification. Il est donc possible, pour les cas que vous évoquez, que des individus peu scrupuleux soient à l'origine de ces installations. Toutes les études montrent que le solaire est fiable, propre, durable. C'est d'ailleurs pour cela qu'on l'appelle « énergie durable ».

Pour parler un peu techniquement, bien que ce ne soit pas le but de ce livre d'entrer dans des considérations techniques, il faut distinguer dans le solaire deux branches : le solaire thermique et le solaire photovoltaïque. Le solaire thermique concerne essentiellement le chauffage. Il remplace parfaitement le chauffe-eau électrique par exemple. L'investissement dans cette branche est relativement moindre que dans la branche du solaire photovoltaïque qui est celui qu'on connaît le plus et qui entre dans le cadre de l'éclairage en général. Il s'amortit également plus rapidement.

Il faut néanmoins reconnaître qu'en l'état actuel du marché, la fourniture de l'électricité par les compagnies nationales subventionnées semble plus économique que les coûts actuels d'investissements dans le solaire photovoltaïque. Cela, c'est en théorie. En pratique, les délestages, les coupures intempestives qui poussent certaines entreprises et même certains ménages à s'équiper de groupes électrogènes, font que malgré une mise de départ certes lourde, l'adoption du solaire photovoltaïque est la solution la plus appropriée. C'est d'ailleurs dans ce sens que travaille ma société SOLAR CITY, dans le cadre de ses activités de recherche-développement.

Dans un autre cadre, nous essayons de développer des produits de consommation courante.

Nous avons développé des tricycles solaires, des motos et des vélos. Oui, des vélos solaires qui roulent très bien. Allez sur notre site www.velo-solaires.com, vous serez édifiés ! Vous y découvrirez également les stations de recharge solaires pour vélos solaires. Notre ambition est d'en installer demain jusqu'aux villages les plus reculés d'Afrique. Nous travaillons d'ailleurs également sur notre future voiture solaire. Vous verrez la *Atepa-Tone* que je développe actuellement avec mon équipe chinoise ATEPA CHINA AFRICA LINKS.

En ce qui concerne l'éclairage public, nous avons déjà mis au point ce que nous appelons 1+1+1+1 = 1 ! Il s'agit d'une lampe solaire assez spéciale qui combine les panneaux, les batteries, les ampoules et les onduleurs en un seul élément. La dernière de la série s'appelle *Sleplh Lamp* puisqu'elle rappelle l'avion fugitif américain avec ses triangulations. Voyez-vous, le solaire, c'est en fait pour moi une véritable passion.

Philosophons un tout petit peu. Quelle relation faites-vous entre la culture et le développement ? Celle-là peut-elle contribuer à asseoir celui-ci et dans quelle mesure peut-elle en être un frein ? Qu'en direz-vous dans le cas spécifique du Sénégal ?

Je suis heureux que vous m'entraîniez sur le terrain philosophique. Contrairement à ce que l'on pourrait penser, la philosophie n'est pas coupée des réalités que nous vivons. Il est d'ailleurs important de poser clairement la relation qui existe nécessairement entre la culture et le développement pour savoir qu'est-ce qui freine quoi afin de s'assurer que rien n'entrave notre course de fond sur le parcours du développement. En réalité, toute réflexion a sa charge philosophique, et la plupart du temps nous philosophons comme monsieur Jourdain qui excellait dans la prose à son propre insu.

Au-delà des appréciations souvent faites par la classe politique, les syndicats et la société civile, notre culture recèle beaucoup de valeurs favorables au développement économique, car elle renferme une vertu du travail et l'esprit de sacrifice qui ont fait le succès des pays développés.

Mais l'usage que nous faisons de la démocratie, et particulièrement de ses principes fondamentaux qui sont la liberté et l'égalité, au lieu de s'inscrire dans cette perspective, a pratiquement démoli les piliers que notre culture avait édifiés pour façonner des hommes et des femmes imbus des valeurs du mérite, de l'abnégation et de la dignité.

S'il faut, sans aucune forme d'ambiguïté, saluer la culture démocratique des Sénégalais, il reste que l'exigence de lucidité nous commande de jeter un regard critique sur la manière dont la démocratie fonctionne aujourd'hui dans notre pays.

Depuis les indépendances, la démocratie sénégalaise est en tout cas présentée comme un modèle en Afrique. Malgré quelques couacs, la dernière joute présidentielle l'a encore confirmé.

C'est vrai, mais nous avons besoin d'un grand toilettage de notre système démocratique. Il serait dangereux pour nous les Sénégalais, qu'on nous caresse le nombril, et que nous suivions le mouvement sans esprit critique. Tout est perfectible, même lorsqu'un système semble être le plus achevé.

Moi, même lorsque je parle de démocratie, ce sont ses implications économiques qui m'intéressent parce que c'est cela, au final, qui fait la richesse des nations. Le modèle d'émergence économique japonais – un pays quasiment dépourvu de ressources naturelles et ruiné par la Deuxième Guerre mondiale – et des pays de l'Asie que nous invoquons souvent pour expliquer notre retard économique pose problème dans sa compréhension et son interprétation.

L'émergence économique des pays de l'Asie n'est pas survenue *ex nihilo.* Elle a des fondements historiques qui tiennent entre autres raisons d'abord à leur culture. En effet, l'Asie est une terre plusieurs fois millénaire, à quoi s'ajoute une philosophie de la vie qui a façonné l'âme asiatique avec des religions comme le confucianisme, le bouddhisme et l'hindouisme.

Pourriez-vous donc nous préciser le contenu philosophique de cette conception asiatique du monde qui est à la base de son « miracle » ?

Pour bien la comprendre, il convient d'avoir une lecture explicite de son sens, de ses visées et de ses finalités.

D'abord, remarquons que les Asiatiques dans leur majorité professent l'idée selon laquelle aucune culture n'est supérieure à la leur, et qu'au contraire, s'il y a supériorité, c'est la leur qui l'est. Cette conception du monde est explicite chez les Chinois : la Chine, c'est « l'Empire du Milieu ».

Il s'agit là donc d'un ethnocentrisme militant, quoique discutable. C'est un élément explicatif de la position des Asiatiques dans le monde. Ils sont imperméables aux influences culturelles extérieures et s'ils sont amenés à s'en intéresser, ils prennent soin de faire un tri de manière à retenir ce qu'ils jugent utile et mettent de côté ce qui leur semble inutile, superflu ou accessoire.

C'est pourquoi cette philosophie de la vie revendiquée leur a donné un mental d'acier, mais aussi une assise morale, déterminés qu'ils sont à résister aux influences extérieures et à s'octroyer une place de choix dans le concert des nations. Contrairement à la culture africaine fondée sur l'alliance de l'homme avec la nature, l'Asiatique professe une indifférence au monde et au « moi ».

Vous venez là de souligner une différence fondamentale entre la conception asiatique du monde et celle des autres peuples.

En effet, l'Asiatique ne pense pas que l'individu est central, contrairement à l'Occident, par exemple, qui fait de la promotion individuelle une philosophie de vie. Cette indifférence au monde et au « moi » se fait au profit du groupe. C'est dans celui-ci que toutes les énergies sont concentrées à l'accomplissement du « Tout » par lequel les entités constituantes s'accomplissent selon les vertus de l'ordre, de la hiérarchie, de la discipline sociale et de l'épargne forcée.

En Asie, les appartenances communautaires sont souvent plus fortes que l'attachement à des valeurs plutôt abstraites. Dans l'univers asiatique, ce qui prime avant tout, c'est le respect de l'autorité, la loyauté, la diligence dans la sphère des rapports économiques, le sens de la responsabilité familiale, le respect de la parole donnée. On peut dire que l'éthique du travail qui découle de ces philosophies place le groupe et l'entité nationale au-dessus de l'individu. C'est dire qu'on ne décrète pas la culture de l'amour du travail et le patriotisme économique.

À vous suivre, le problème se situe sur une ligne entre la démocratie et la culture. Il y aurait donc une sorte d'interconnexion indispensable pour une gestion optimale de la cité.

Au Sénégal, c'est cette connexion, ou interconnexion pour reprendre votre mot, entre la démocratie et la culture locale, qui fait défaut. La quête et la conservation du pouvoir sont, dans tous les pays du monde, accompagnées de comportements moralement répréhensibles. Mais la tournure qu'elles ont prise aujourd'hui dans notre pays est absolument inquiétante. À la place d'une démocratie participative véritable, ou même d'une démocratie d'opinion qui doit occasionner une délibération permanente, on a inventé chez nous une démocratie d'agitation quotidienne et permanente.

Constamment, quotidiennement, on s'agite et on agite tous les secteurs de la vie nationale pour installer une psychose de crise. Le premier symptôme d'anomalie politique est le grand nombre de partis politiques que ne justifient aucune idéologie ni aucune masse électorale.

À force d'écouter les prestations des différents leaders de partis politiques, on s'étonne forcément de la multiplicité des partis politiques : ils tiennent le même discours, adoptent les mêmes positions, développent les mêmes stratégies, et sont dans l'incapacité curieuse de se retrouver dans une unité organique.

Le multipartisme ne fait progresser la démocratie que s'il exprime en même temps un véritable pluralisme politique, si les partis en présence sont porteurs de projets de société clairs, cohérents et suffisamment différents les uns des autres pour offrir à la nation de véritables alternatives, de véritables choix.

Selon vous, qu'est-ce qui fait donc courir l'homme politique sénégalais, ou plus généralement le Sénégalais vers l'homme politique ?

Les hommes qui adhèrent aux différents partis politiques le font davantage sur des bases affective, ethnique, sociologique, religieuse, etc., plus que sur la base d'une décision rationnelle mue par des convictions politiques solides. Une seule chose explique ce grand paradoxe : les partis politiques sénégalais ne sont pas constitués autour d'idéaux précis et de principes politiques ou économiques clairs. On crée d'abord son parti politique et ensuite on se hasarde à lui trouver une idéologie doctrinale et une famille politique douteuse.

Tel politicien me plaît, tel autre ne me plaît pas ; tel homme politique est plus éloquent, plus jeune, plus beau : telles sont en général les prémices de l'argumentaire de la justification des choix et engagements politiques de bon nombre de nos concitoyens. La conséquence logique d'une telle anomalie démocratique est le rabaissement des débats à un niveau anormalement faible et, en puissance, des heurts réguliers.

Les uns et les autres se lamentent de la stagnation ou de l'inexistence d'un dialogue politique entre les différents protagonistes comme si cela était paradoxal, alors que c'est la conséquence logique de mœurs politiques bizarres : les critères de comparaison entre les hommes politiques ont pour fondement les passions, voire les intérêts personnels, et non les idées.

Aussi, beaucoup d'énergie, beaucoup de temps sont-ils perdus pour uniquement solder des comptes politiques à la place d'une croisade nationale contre le retard économique et la pauvreté des masses. La sérénité, la confiance et l'apaisement, si nécessaires au décollage économique ou, du moins, à l'investissement, sont sans cesse menacés au Sénégal par des comportements politiques libertaires.

Il existe bel et bien de grandes familles politiques au Sénégal dont on peut clairement situer l'idéologie et les tendances.

N'est-il donc pas excessif de dire que les Sénégalais ne sont pas rationnels dans leurs choix politiques ?

Bien évidemment, ces idéologies existent. Je parlais de manière générale. Je crois qu'il est temps de poser clairement le problème de la multiplicité débridée des partis politiques au Sénégal. Au jour d'aujourd'hui, il y en aurait environ 180 !

Permettez-moi de faire un petit saut en arrière. Contrairement à ce qu'on pense habituellement, le multipartisme intégral n'est pas né en 1981 au Sénégal, avec l'avènement du président Abdou Diouf qui fit modifier la Constitution, plus précisément l'article 3 relatif aux partis politiques. La première Constitution du Sénégal indépendant date de 1963. Point de limitation de mandats.

À une époque où le nationalisme était sincère, où les Sénégalais regardaient dans la même direction pour assurer à la nation un avenir qui tourne définitivement le dos à la sombre période coloniale, il ne venait à l'esprit de personne que la politique était une question de calculs mafieux, cette sorte de politique-business, lieu par excellence pour se frayer un passage au soleil et à moindres frais, sur le dos des électeurs. Les alliances se construisaient naturellement, et le Sénégal, pendant plus d'une décennie, avait vécu, *de facto* mais non point *de jure*, un monopartisme quasiment consensuel.

La création par Maître Abdoulaye Wade du Parti démocratique sénégalais (PDS) en 1974 a inauguré l'ère d'une opposition véritable et crédible. Le Président Senghor, dans une de ses multiples révisions constitutionnelles, se pencha sur la question de la multiplicité des partis politiques. S'était-il inquiété que l'entrée sur scène de ce grand parti d'opposition ouvrirait la boîte de Pandore ? Toujours est-il que deux ans plus tard, en 1976, il procéda à une révision constitutionnelle qui limita à trois, puis à quatre par une autre révision intervenue en 1978, le nombre de partis politiques.

Ainsi donc, le Sénégal est passé d'un multipartisme intégral à un multipartisme limité, et ceci sous la présidence de Senghor !

Tout à fait. Arrivé aux affaires en 1981, le président Abdou Diouf est revenu à la situation *ex ante* de non-limitation du nombre de partis politiques, mais le contexte avait changé. La crise était passée par là, et donc cette ouverture avait semblé être pour beaucoup d'acteurs politiques, dont l'opportunisme ne faisait l'ombre d'aucun doute, une source d'enrichissement sinon de compromission.

L'argument de ceux qui pensent qu'il faut laisser perdurer l'anarchie ambiante est qu'il ne faut surtout pas toucher à la sacro-sainte liberté d'expression et d'association inscrite dans la Constitution.

Suggéreriez-vous donc que le Sénégal devrait revenir à la limitation du nombre de partis politiques ?

Toute institution repose sur une justification à la fois juridique et morale. Elle doit être mesurée à l'aune des bienfaits qu'elle est censée apporter à la marche de la société. Aujourd'hui, la politique-business a littéralement pris le dessus sur toutes autres considérations et pollue ainsi l'espace politique.

En clair, vous proposez à vos compatriotes d'« oser » la limitation du nombre de partis politiques ?

Oser ici consistera à « dépoussiérer » l'engorgement de nos valeurs afin de préserver la santé du corps social. Oser, ici, consistera à braver ce que d'aucuns se complaisent à poser comme règle d'or, alors même que l'eau du bassin regorge de détritus d'immoralité sinon d'amoralité, voire une forme de banditisme politique caché sous le sceau du récépissé d'agrément. Oser, ici, c'est de pouvoir se regarder dans les yeux et dire avec courage : « Ça suffit, ce n'est pas bon, il faut y mettre fin, nous sommes allés trop loin. »

Vous proposez donc une révision de la Constitution et un retour en arrière de plus de 30 ans !

Je suis fondamentalement contre les révisions constitutionnelles. La Constitution, c'est la loi fondamentale. C'est une fondation, un ciment, un contrat social qui traverse les générations et assure la stabilité de la nation. Elle ne doit pas être taillée sur mesure, pour assurer des intérêts partisans. C'est pour cela que nos amis juristes la qualifient de norme juridique la plus élevée. Mais pour une fois, je veux que notre Constitution prenne en compte l'exigence d'une révision qui mettrait un peu d'ordre dans la maison. Il ne s'agit donc pas d'un retour en arrière. Le Président Senghor avait fait instituer trois, puis quatre partis, suivant des tendances idéologiques qui correspondaient sans nul doute aux configurations généralement admises à l'époque. Je propose une limitation des partis politiques à 5. Un parti de centre, un parti de droite et un autre un peu plus à droite, un parti de gauche et un autre un peu plus à gauche. Toutes les sensibilités politiques actuelles devraient se retrouver dans cette nouvelle configuration. Les têtes de file de ces courants se définiraient naturellement par les performances des uns et des autres lors des élections nationales et locales. Il n'y aura donc pas de favoritisme. Les petites formations qui grouillent ici et là et ont fait de la politique le lieu par excellence de collusion de toutes natures, devront s'accrocher où ils peuvent et à qui mieux mieux pour assurer leur survie. Je ne doute pas un seul instant que l'enjeu, ici, c'est l'avenir même de notre démocratie.

Vous avez parlé des partis politiques. Quelle place pour les syndicats au Sénégal et quels liens avec le monde politique ?

L'action syndicale dans le monde est l'alternative face aux affres de la mondialisation et aux dérives sociales qu'entraîne un libéralisme mondial dont l'accumulation de profits est la seule morale.

Sur le plan social donc, les syndicalistes devraient logiquement être les locomotives du train du développement. Mais ici, ils ont réussi la prouesse de se muer en entraves indéboulonnables du développement.

Les travailleurs des secteurs qui constituent le moteur de l'économie réelle (ouvriers, paysans, pêcheurs, pasteurs, etc.) sont généralement plus soucieux de la stabilité politique du pays, de la sérénité des esprits et du développement économique. En un mot, les masses les plus laborieuses et les plus productives de notre pays sont les plus disciplinées et les plus silencieuses.

Il n'est par conséquent pas étonnant de voir le front social parasiter le contexte politique, s'il ne l'accompagne pas ou ne le « complexifie » davantage.

L'assiduité, la ponctualité, la rigueur dans le travail et l'exigence du travail bien fait et à temps sont des valeurs à promouvoir. La culture du gain facile et immédiat est, pour ainsi dire, le virus qui a corrompu tout le tissu moral d'une bonne partie de la jeunesse sénégalaise en particulier et du travailleur en général.

Si l'ordre et la discipline sont justement les vertus qui nous font encore défaut, des pays de régime « taylorien », où la grève est une exception, ont réussi à les imprimer à leur peuple (Corée, Singapour, Japon, etc.). Employeurs et travailleurs doivent pouvoir combiner leurs efforts, réaliser une sorte de symbiose de leurs intérêts particuliers pour participer à l'effort de construction nationale. C'est cela la nouvelle exigence du patriotisme économique ou du patriotisme tout court.

L'autre facteur de dégénérescence de l'amour du travail est le nombre excessif de jours fériés au Sénégal. Sur ce point, une entente entre l'État et les religieux est absolument nécessaire pour freiner la saignée économique occasionnée par ces fêtes infinies et onéreuses.

Si tout le monde s'en accommode, faut-il s'en plaindre ?

Il ne s'agit pas de s'en plaindre ou non. Il faut en mesurer les conséquences sur l'économie nationale. Les fêtes religieuses nous coûtent doublement cher : excès de dépenses et perte énorme de temps de travail et, par conséquent, ralentissement de la productivité. D'une manière générale donc, les mœurs que la culture démocratique nous a inculquées contribuent à faire de notre pays un espace économique très peu compétitif dans le cadre d'une économie mondiale globalisée.

Platon, le philosophe grec, disait que « la connaissance est un arrachement, une ascension ». Ainsi donc, vouloir émerger, vouloir faire comme l'Asie, vouloir réaliser des performances économiques, suppose *a priori* un arrachement violent par rapport au monde, par rapport à la nature. Nous devons ranger aux oubliettes beaucoup de nos habitudes et de nos comportements inhibiteurs et oser un comportement nouveau.

Il est temps que la lutte pour le rétablissement des valeurs authentiques que véhiculait notre culture soit l'affaire de la société civile et surtout de la presse nationale qui doit cesser de faire de la chose politique l'unique sujet du journalisme quand il ne s'agit pas d'attaques personnelles stériles, mais qui souvent salissent d'honnêtes citoyens pour rien !

Tout chemin semble mener à la politique et à cette forme d'accumulation de richesses par la politique-business, pour utiliser votre propre terme. Comment donc « sortir » la politique des intérêts croisés où la religion, somme toute, occupe une place de choix ?

Je vous réponds sans hésiter : il faut dépolitiser la vie nationale pour promouvoir la naissance d'un citoyen convaincu que l'espace et les moyens politiques ne sont guère les seules façons de réussir dans la vie. Nous devons « parler franc » avec nos différentes organisations syndicales et arriver à un « pacte social » qui devrait permettre à notre économie de faire un bond conséquent vers l'émergence. En faisant ainsi du Sénégal un havre de paix, nous pourrons attirer les investisseurs qui nous accompagneront pour faire de notre pays une nation émergente.

Le pacte quinquennal pourrait être le fruit d'une large concertation avec les partenaires sociaux y compris les religieux. Il me semble qu'il serait même intéressant de nous inspirer de l'exemple des syndicats asiatiques par une visite dans ces pays. Leurs expériences et les méthodes de revendication positives cultivées depuis des décennies pourraient nous servir d'exemple ou au moins de référence. Nous y ajouterons la dose appropriée de ce qui nous est propre. En tout état de cause, il nous faut oser un nouveau pacte social.

JAMAL HABIBI

AU COMMENCEMENT

La petite princesse se promenait toute seule dans l'immense champ de son père dans cette belle région du Golfe. Émir de son État, ce dernier avait toujours rêvé d'une belle forêt dans le désert. C'est ainsi qu'il finit par créer une oasis luxuriante au milieu de terres arides au cœur de la belle région portant le nom de Wadiram.

C'était un jour ordinaire, une après-midi comme les autres. Il ne faisait ni chaud ni froid. Leïla, c'est le nom de notre belle princesse, était loin de s'imaginer que ce qui allait se produire cette après-midi-là allait donner une autre lumière à sa vie.

Elle fredonnait une des chansons que son père lui avait apprises. Selon la légende, les pèlerins se rendant à La Mecque à dos de chameau chantaient précisément cette chanson-là pour ne pas ressentir la longueur du voyage : « *La ilaha illallah, La ilaha illallah, Muhammadou rassouloulah.* »

Elle chantait et dansait tout en marchant.

Leïla était une fille gentille, douce, obéissante. Elle travaillait bien à l'école et aimait les animaux. Son père lui avait d'ailleurs promis qu'à 12 ans, il l'emmènerait en voyage en Afrique où elle pourra s'amuser avec eux, les toucher, les sentir et leur parler. Oui, leur parler, car les animaux en Afrique avaient leur langue. On pouvait donc échanger avec eux grâce au langage !

Nous sommes le 07-07-07, un jour comme les autres, ou presque. Particularité cependant, c'était la veille de l'anniversaire de son père. Soudain, l'idée lui vint de cueillir et de lui offrir des fleurs.

Au milieu de son champ, l'Émir avait pris soin de créer un magnifique lac artificiel autour duquel il avait planté des fleurs venant des quatre recoins du monde. À côté des fleurs, il y avait un buisson avec des arbres et des arbustes dont il ne faisait aucun doute qu'ils provenaient de l'Afrique. Eh oui, l'Afrique a toujours occupé une place spéciale dans le cœur et la vie du père de Leïla. Il y allait pour la chasse qu'il aimait tant, mais aussi et surtout pour rendre visite à ses amis africains. Pour tout dire, il avait fait venir d'Afrique la nièce d'un de ses amis pour qu'elle puisse s'occuper de sa fille bien-aimée. Elle s'appelait Rita, devenue donc gouvernante du château.

Rita passait des heures entières à raconter à la petite princesse des contes et légendes d'Afrique. Les aventures de Leuk le Lièvre et de Bouky l'Hyène. Elle ajoutait également dans ses narrations les mystères de l'Afrique profonde, les pouvoirs occultes des sorciers.

La princesse avait à peine fini de composer le bouquet de fleurs qu'elle se promettait d'offrir à son père pour son anniversaire que, soudain, un coup de tonnerre rompit le silence. Tout d'un coup, comme une éclipse de soleil, le ciel s'assombrit. Elle aperçut alors une chamelle dans la pénombre qui, prise de peur, s'était réfugiée dans un buisson.

Le tonnerre gronda une nouvelle fois alors que des éclairs déchiraient le ciel : une tornade, oui, une tornade dans ces lieux où il ne pleut presque jamais, en tout cas jamais en cette période de l'année.

Prise de peur, la chamelle mit bas un chamelon devant les yeux émerveillés de la petite princesse ! Puis soudain, la pluie s'arrêta.

Le petit chamelon était tout mignon. Un soleil radieux se frayait un chemin dans le beau ciel bleu.

Leïla s'approcha du chamelon. Il y eut comme un instant magique. Elle lui posa la main droite sur la tête. C'est alors que retentirent des chants d'oiseaux qui venaient de partout et de nulle part. L'atmosphère en fut remplie littéralement, comme si des rossignols s'étaient donné rendez-vous pour célébrer un événement spécial !

« Habibi », dit la Princesse. Les chants d'oiseaux s'amplifièrent, la chamelle hocha la tête et… miracle : le chamelon esquissa un sourire !

La princesse qui ne s'était pas séparée de son bouquet de fleurs reprit le chemin du château, fredonnant sa chanson de plus belle, le cœur aux anges.

Il y eut un soir, il y eut un matin. Ce fut le deuxième jour de la naissance de Jamal Habibi.

Leïla se savait désormais éprise du chamelon. Le nom qu'il porterait serait magique : Habibi. JAMAL HABIBI, JAMAL HABIBI !

La princesse se pressa de raconter son incroyable histoire à Rita la gouvernante, mais aussi son amie et confidente. Les deux décidèrent d'aller rendre visite à Jamal Habibi dans son buisson.

Il était là, d'une fraîcheur resplendissante à côté de sa mère chamelle. Le temps était agréable, mais les deux jeunes filles ne voulurent pas le laisser sans vêtement. Elles retournèrent donc vite au château lui confectionner un habit.

Il y eut un soir, il y eut un matin. Ce fut le troisième jour.

Leïla et Rita retournèrent au buisson et habillèrent Jamal Habibi. Il était encore plus mignon, le petit chamelon !

L'idée leur vint alors de lui construire un abri. Oui, un abri pour Jamal Habibi ! C'était presque normal d'y penser, mais comment faire ?

Rita expliqua à la petite princesse qu'en Afrique, avec les branches de palmiers, le problème ne se poserait pas. Elle s'employa avec l'aide du jardinier à assembler des rameaux et à monter un abri dans le buisson pour Jamal Habibi. Le chamelon de la princesse n'était-il pas devenu le prince des chamelons ?

Il y eut un soir, il y eut un matin. Ce fut le quatrième jour.

Leïla décida alors de parler à ses parents de son nouvel ami. Mais comment faire pour expliquer à papa et maman qu'on s'est lié d'amitié avec… un chamelon ?

Ce jour-là, il y avait des réjouissances à la maison. Maman avait décidé d'inviter parents et amis pour fêter l'anniversaire de Papa, trois jours plus tard.

C'était en effet assez compliqué. La soirée avait donc commencé et tout ce que l'Émirat comptait de hauts dignitaires était là. De nombreux invités étrangers avaient convergé vers le château. Ils arrivaient des quatre coins du monde. Pour bien faire les choses, l'orchestre qui animait la soirée s'était entraîné à un cocktail de répertoires faisant le tour du monde.

Ils étaient tous là. Ils venaient d'Arabie, des Émirats Arabes, de Chine, de l'Inde, des Amériques du Nord et du Sud, de l'Australie, de l'Afrique bien sûr, de l'Océanie aussi, du Japon, de Russie, de l'Iran, de l'Afghanistan, du Maghreb, de l'Irak, des Îles Salomon. Il y eut même un invité d'Ushuaïa, la pointe extrême de l'Argentine, réputée être le « bout du monde ».

La fête fut belle, très belle, et d'une grande solennité.

L'Émir était visiblement heureux. Sa fille Leïla resplendissait de joie. Elle respirait le bonheur. Elle était fière que son père eût tant d'amis à travers le monde. Elle se réjouissait surtout de savoir que tout ce beau monde, venu des quatre coins du monde, avait de l'admiration pour son père, l'appréciait tout en lui témoignant également une grande affection.

Venir de si loin pour honorer une invitation, celle de son père ! C'était magnifique, superbe, sublime !

Leïla avait donc décidé de parler à papa à la fin de la soirée, mais surprise !

Soudain, dans ce milieu semblable à la tour de Babel où s'exprimaient trente-six langues différentes, le protocole demanda un moment de silence.

L'Émir et son épouse se rapprochèrent du podium comme pour donner une allocution. Arrivés devant l'orchestre, ils demandèrent à leur fille Leïla de venir à leurs côtés. Leïla s'avança d'un pas timide devant tant de personnalités diverses, devant tant de dignitaires vêtus de magnifiques costumes selon leurs origines.

Après avoir remercié les invités d'être venus, il y eut comme un miracle pour Leïla : son père ordonna que l'on fît entrer qui ? … Jamal Habibi, dans ses habits tout neufs.

Rita avait en effet raconté l'histoire de Jamal Habibi aux parents de Leïla. Ces derniers avaient alors décidé de lui faire cette surprise en organisant la sortie « officielle » de Jamal Habibi devant un aréopage mondial.

La petite princesse voulait qu'on la pince pour croire qu'elle vivait la réalité. Elle qui réfléchissait toujours sur la manière d'aborder le sujet avec ses parents. Voilà que ces derniers avaient pris une belle longueur d'avance. Ils étaient allés au-delà des attentes et des espérances de Leïla. C'était comme un sacre !

Une salve d'applaudissements précéda la longue ovation qui salua l'arrivée de Jamal Habibi, accompagné de Rita. L'orchestre enchaîna en entonnant alors la chanson préférée de Leïla : « … *La ilaha illallah, La ilaha illallah, Muhammadou rassouloulah…* ». Il ajouta pour la circonstance un refrain dédié à Jamal Habibi :

« *Il était une fois, une jolie petite princesse du nom de Leïla,*
Leïla était jolie et intelligente
Elle était surtout gentille
Elle assista un jour à la naissance
D'un petit chamelon
C'était à Wadiram
La région qui n'a pas fini d'éblouir le monde entier
Leïla était jolie et intelligente
Elle était surtout gentille
Elle décida de donner un nom à son chamelon
Elle l'appela Jamal Habibi
Jamal Habibi
Habibi – Habibi – Habibi !

Les invités reprirent le refrain :
« *Leïla était jolie et intelligente !*
Elle était surtout gentille
Elle décida de donner un nom à son chamelon

Elle l'appela Jamal Habibi

Jamal Habibi

Habibi – Habibi – Habibi » !

Un des invités, un prince d'Afrique, le Prince Atépa, s'avança alors vers l'Émir, sa femme et leur fille. Il leur présenta un coffret serti d'or en leur disant : « Ce coffret est pour Leïla. Elle ne doit l'ouvrir que le 8e jour de la naissance de Jamal Habibi, et le lui mettre au cou. Cette médaille fera de Jamal Habibi un être exceptionnel dont les aventures et les prouesses feront le tour du monde. » Nouvelle salve d'applaudissements dans l'assistance.

Jamal Habibi fit un large sourire et… miracle ! Jamal Habibi prononça un mot que le prince venu d'Afrique semblait avoir compris, Leïla aussi.

Les invités applaudirent et la fête se poursuivit jusqu'au petit matin.

Il y eut un soir, il y eut un matin, ce fut le cinquième jour !

Leïla décida alors d'initier Jamal Habibi à son passe-temps favori. Elle lui acheta des patins à roulettes, oui des patins à roulettes ! Surprise, Jamal Habibi n'attendit même pas les premières leçons. À peine chaussé, il se mit à faire des rondes et des sauts, des girouettes et des pirouettes !!! Incroyable ! Il se montra d'une telle agilité qu'on aurait pu lui attribuer l'invention de ce sport.

Il y eut un soir, il y eut un matin ce fut le sixième jour !

Sans qu'on ne sache comment, le nom de Jamal Habibi avait déjà fait le tour de la planète. Pour les journaux, les radios, l'Internet et les télévisions du monde entier, c'était l'événement du siècle.

Un chamelon venait de naître, mais déjà la roulette n'avait plus de secret pour lui, il faisait du vélo, il était même capable de conduire et de faire usage du langage. Un événement inédit dans les annales du monde !

Devant tant d'affluences et d'intérêt universel, l'Émir décida que le lieu où naquit Jamal Habibi soit baptisé « l'Empire des enfants », un lieu où, en usant des technologies les plus modernes, on créerait un paradis pour les enfants de 3 à 93 ans. Le prince annonça la nouvelle à Leïla. Elle en fut tellement ravie qu'elle eut comme une insomnie.

C'est cette nuit-là que le coffret que lui avait offert le prince noir se mit à briller. Il était comme entouré d'un diadème qui émettait une lumière éblouissante : elle entendit alors une voix qui semblait venir du coffret.

« Leïla, comme tu le sais, c'est demain que tu devras faire porter à Jamal Habibi cette médaille miraculeuse qui fera de lui un animal plus intelligent que les hommes. Cette médaille qu'il ne devra jamais quitter lui donnera une jeunesse éternelle ! Oui, avec cette médaille au cou, Jamal Habibi aura toujours le même âge. Mais attention, s'il venait à la perdre, 8 jours plus tard, il recouvrirait son âge véritable et il mourrait. »

Il y eut un soir, il y eut un matin, ce fut le septième jour.

Leïla évita soigneusement les médias qui étaient à l'affût, et se rendit auprès de Jamal Habibi pour lui porter sa médaille.

Ce fut une cérémonie simple. Elle prit soin d'expliquer à Jamal Habibi que sous aucun prétexte, il ne devait quitter la médaille qu'elle lui mettait autour du cou. C'était une espèce de globe en cristal rempli d'un liquide rouge semblable à du mercure.

Le Prince Atépa expliquera plus tard qu'en fait, cette médaille avait été découverte dans les pyramides d'Égypte et avait transité dans les bois sacrés du sud du Sénégal appelé Casamance. Ce passage dans des bois qui n'avaient rien d'ordinaire lui avait conféré des pouvoirs magiques.

Jamal Habibi était donc prêt à faire le tour du monde et rencontrer les enfants du monde entier sur ses patins à roulettes, à vélo, à moto, en voiture, en planche à voile, en motoski ou sur un tapis volant.

L'extraordinaire histoire de Jamal Habibi ne fait donc que commencer. Le chamelon miraculeux pourra même quitter cette terre et, sait-on jamais, aller un jour vers la lune ou la planète Mars. Ainsi, Jamal Habibi franchira les portes de l'Histoire pour entrer dans la légende.

Conclusion

Faire simple peut autant être compliqué que faire compliqué en l'absence de « feuille de route », pour utiliser une expression à la mode. J'ai dit qu'il fallait faire simple, et c'est ce que j'ai tenté de démontrer tout le long de ces entretiens. Il ne s'agira pas maintenant de jeter ces idées à la mer, dans l'espoir que les eaux aient la bienveillance de les faire arriver à bon port. Les idées n'ont jamais fait défaut. Celles qui ont abouti dans des réalisations concrètes sont celles dont se sont appropriés ceux qui, tant soit peu, ont reçu pour mission d'être les guides de la multitude et dont les préoccupations premières étaient d'ajouter une pierre à l'édifice.

Je dois dire, sans excès de chauvinisme, que je suis fier d'être Sénégalais. Le Sénégal a donné à l'Afrique et au monde de grands hommes, en politique comme en science, en arts comme en littérature, et en bien d'autres disciplines encore. Il a la réputation d'avoir posé des actes pionniers, bien qu'il n'ait pas moins souffert des affres du passé que les autres peuples.

Le monde néolibéral dans lequel nous vivons aujourd'hui se caractérise essentiellement par son esprit de compétitivité. C'est chacun à qui mieux mieux, ou encore chacun pour soi. Nous n'existerons que parce que nous serons descendus dans l'arène et que nous aurons mérité de monter sur les marches du podium. Les sportifs le savent très bien. Dans une compétition, il faut se surpasser, se dépasser, l'objectif étant de battre ses adversaires, mais aussi les records, pour se hisser au premier rang.

L'esprit de compétitivité a un lien consubstantiel avec la valeur, et donc le mérite. Nous devons être heureux de vivre dans un tel monde, à condition de savoir et de pouvoir nous y adapter. Ce n'est pas un monde marqué par la générosité. Un sage a dit que la main qui donne est toujours au-dessus de celle qui reçoit. Nous devons par conséquent nous démarquer de la culture du « recevoir » si nous nourrissons l'ambition d'occuper des marches du podium.

Dans le contexte qui a été le nôtre, caractérisé par l'aide et l'assistance des pays riches, c'est une véritable révolution mentale qu'il faut pour penser autrement et agir autrement. « Penser » ne me semble d'ailleurs pas suffisamment indicatif de l'envergure que je veux donner à la démarche de ce mouvement ascendant. C'est pour cela que j'ai développé le concept d'OSER qui sous-tend mes douze propositions, et qui constitue ma contribution pour ce Sénégal émergent dont j'ai la ferme conviction qu'il est à portée de main.

Point n'est besoin d'être ministre ou chef d'État pour influer positivement sur la marche d'un pays. Il suffit simplement d'oser. Osons donc, tous ensemble !

Table des matières

L'HARMATTAN, Italia
Via Degli Artisti 15 ; 10124 Torino

L'HARMATTAN HONGRIE
Könyvesbolt ; Kossuth L. u. 14-16
1053 Budapest

L'HARMATTAN BURKINA FASO
Rue 15.167 Route du Pô Patte d'oie
12 BP 226 Ouagadougou 12
(00226) 76 59 79 86

ESPACE L'HARMATTAN KINSHASA
Faculté des Sciences Sociales, Politiques et Administratives
BP243, KIN XI ; Université de Kinshasa

L'HARMATTAN GUINÉE
Almamya Rue KA 028 en face du restaurant le cèdre
OKB agency BP 3470 Conakry
(00224) 60 20 85 08
harmattanguinee@yahoo.fr

L'HARMATTAN CÔTE D'IVOIRE
M. Etien N'dah Ahmon
Résidence Karl / cité des arts, Abidjan-Cocody 03
BP 1588 Abidjan 03
(00225) 05 77 87 31

L'HARMATTAN MAURITANIE
Espace El Kettab du livre francophone
N° 472 avenue Palais des Congrès, BP 316 Nouakchott
(00222) 63 25 980

L'HARMATTAN CAMEROUN
Immeuble Olympia face à la Camair
BP 11486 Yaoundé
(237) 458.67.00/976.61.66
harmattancam@yahoo.fr

L'HARMATTAN SÉNÉGAL
« Villa Rose », rue de Diourbel X G, Point E
BP 45034 Dakar FANN
(00221) 33 825 98 58 / 77 242 25 08
senharmattan@gmail.com

L'HARMATTAN MALI
Rue de Leipzig, face au Palais de la culture,
Porte 203, Badalabougou, Bamako
00 223 20 22 57 24 / 00 223 76 37 80 82
pp.harmattan@gmail.com